2022年教育部人文社会科学项目"'双减'政策背景下社区青少年体育服务体系与运营模式创新研究（22YJA890031）"
2023年常州大学学术著作出版基金资助

吕家军拳传承与研究

许晓阳　吕萍香　编著

苏州大学出版社

图书在版编目（CIP）数据

吕家军拳传承与研究 / 许晓阳,吕萍香编著. ——苏州：苏州大学出版社, 2023.12
ISBN 978-7-5672-4676-8

Ⅰ.①吕… Ⅱ.①许…②吕… Ⅲ.①拳术-中国 Ⅳ.①G852.1

中国国家版本馆 CIP 数据核字(2024)第 021034 号

书　名：	吕家军拳传承与研究 LÜJIAJUNQUAN CHUANCHENG YU YANJIU
编　著：	许晓阳　吕萍香
责任编辑：	周建兰
装帧设计：	吴　钰
出版发行：	苏州大学出版社（Soochow University Press）
社　址：	苏州市十梓街1号　邮编：215006
印　装：	苏州市古得堡数码印刷有限公司
网　址：	www.sudapress.com
邮　箱：	sdcbs@suda.edu.cn
邮购热线：	0512-67480030
销售热线：	0512-67481020
开　本：	700 mm×1 000 mm　1/16　印张：10.25　字数：158千
版　次：	2023年12月第1版
印　次：	2023年12月第1次印刷
书　号：	ISBN 978-7-5672-4676-8
定　价：	50.00元

凡购本社图书发现印装错误,请与本社联系调换。服务热线：0512-67481020

前言 Preface

  吕家军拳从传统民俗逐渐演化为现代的表演武术，其中蕴含着深厚的中华民族文化底蕴。吕家军拳起源于南宋，在民族抗争的历史画卷上曾留下浓墨重彩的一笔。后受多种因素的影响，吕家军拳一度衰落，而今逐渐出现在表演舞台。2017年，吕家军拳在常州市第二届武术文化节上取得团体第一和四个单项第一的好成绩，成为此次武术文化节上的一大亮点，显示出深厚的武术文化底蕴。吕家军拳动作灵活，如雏鹰展翅，似猛虎下山，拳拳有力，再现了吕家军自强不息、永不言败的精神。挖掘吕家军拳传统文化价值是本书研究的重要意义之一。

  当前我国非物质文化遗产已经被立法保护，作为中华优秀传统体育类非物质文化遗产之一的武术文化更是被人们重视。关于武术文化遗产的研究也只是最近几十年的事情，尤其是关于地域武术文化的研究起步更晚。吕家军拳作为江苏金坛的地方性民间体育运动，具有表现形式丰富多样、技术动作易于掌握的特点，挖掘与开发吕家军拳的文化内涵及技术价值，对进一步了解我国历史文化、弘扬民族精神等方面有着积极作用。

  令人惋惜的是，一方面，吕家军拳研究因传统武术口口相传、师徒相传或家族相传等传承方式的特点及我国特殊的历史原因，造成了吕家军拳濒临消失的状况；另一方面，随着城镇化进程的加快，大多数年轻人往城市迁移，再加上吕家军拳栖息的江苏省常州市金坛区东浦村现代化改造，吕家军拳失去了传承发展的人员因素及环境因素。基于上述原因，反思吕家军拳的生存现状，探讨其传承方式，是本研究的又一目的与意义。

  本书采用了文献资料法、专家访谈法、实地考察法、口述史方法、逻辑学方法等，对吕家军拳相关资料进行了收集、整理、分析与总结，力图完整还原吕家军拳的原貌。本书第一章主要介绍了武术运动的概念、古代武术、近代武术的发展；第二章主要从吕家军拳的起源、发展及产生环境对其进行概述；第三章主要介绍了吕家军拳的基本手形、步形及身法；第四、第五章详细介绍了吕家军拳的基本技法与功法；第六章则深度挖掘了吕家军拳的技术内涵与特征；第七章主要围绕吕家军拳的文化与价值展开了深入阐述；第八、第九两章则围绕吕家军拳的传承与发展，分别对其制约因素进行了分析，对其传承方式进行了探究；第十章主要从武术欣赏角度，提出了武术欣赏能力培养途径。

  在实地调查过程中，常州大学体育学院、常州市体育局、常州市武术协会、常州市金坛区武术协会、常州市钟楼区武术协会、常州市金坛区文化体育和旅游局、常州市金坛区东浦村委会、传承人吕福成等提供了大量帮助与支持，在此表示衷心的感谢！

目录 Contents

- **第一章　武术运动** ………………………………………… 1
  - 第一节　武术的概念、分类及特点 ………………… 1
  - 第二节　古代武术 ………………………………… 3
  - 第三节　近代武术 ………………………………… 5
  - 第四节　中国民间武术 …………………………… 7
- **第二章　吕家军拳概述** ………………………………… 9
- **第三章　吕家军拳基本动作** …………………………… 12
  - 第一节　吕家军拳基本手形、手法 ……………… 12
  - 第二节　吕家军拳基本步形、步法 ……………… 22
  - 第三节　吕家军拳基本腿法 ……………………… 30
- **第四章　吕家军拳基本技法** …………………………… 34
  - 第一节　拳术类 …………………………………… 34
  - 第二节　六合拳对练 ……………………………… 70
- **第五章　吕家军拳基本功法** …………………………… 85
  - 第一节　石锁功 …………………………………… 85
  - 第二节　内壮功 …………………………………… 103
  - 第三节　桩功 ……………………………………… 107

第六章 吕家军拳的文化特征 ……… 111

第一节 文化独特性 ……… 111
第二节 文化交融性 ……… 113
第三节 文化民族性 ……… 114

第七章 吕家军拳的现实价值 ……… 116

第一节 军事价值 ……… 116
第二节 文化价值 ……… 120
第三节 健身价值 ……… 121
第四节 娱乐价值 ……… 123
第五节 传承价值 ……… 125

第八章 吕家军拳的传承状况与制约因素 ……… 128

第一节 吕家军拳的传承状况 ……… 128
第二节 吕家军拳传承的制约因素 ……… 129

第九章 城镇化进程中吕家军拳传承模式研究 ……… 134

第一节 城镇化进程中吕家军拳传承的思考 ……… 134
第二节 日常生活视角下吕家军拳传承方式研究 ……… 136
第三节 吕家军拳与民俗文化互动发展 ……… 137
第四节 吕家军拳与赛事表演互动推广 ……… 140
第五节 吕家军拳与学校体育融合发展 ……… 142

第十章 武术欣赏 ……… 145

第一节 武术欣赏概述 ……… 145
第二节 武术欣赏的内容与武术欣赏能力培养途径 ……… 147

附录 ……… 151

第一章 武术运动

第一节 武术的概念、分类及特点

武术的概念

武术源自古代战争和生存需求,是人类在长期的生存竞争中总结出来的一种身体技能和战斗艺术。它不仅包括了各种武器的使用技巧,而且包括了徒手格斗、身体协调和精神修养等方面。武术不仅是一种战斗技能,更是一种文化传统和精神追求,体现了东方文化的智慧和哲学思想。

武术的分类

传统武术

传统武术是源自中国、日本、韩国等东方国家的古老武术形式,如中国的太极拳、少林功夫、武当剑术,日本的合气道、剑道,韩国的跆拳道,等等。这些传统武术注重内外兼修,强调身心合一,追求的是身心的和谐与健康。

现代武术

现代武术包括了各种搏击运动和格斗技术，如拳击、柔道、综合格斗等。这些武术形式更加注重实战性和竞技性，强调技术的实用性和效果。

武术的特点

身心修炼

武术不仅是一种身体技能，更是一种身心修炼的方式。通过习练武术，可以增强身体素质，提高身体协调性，培养意志力和毅力，达到身心和谐的境界。

技术多样

武术包括了各种不同的技术和动作，如拳法、腿法、擒拿、摔技、武器技术等，形式多样，内容丰富。

文化传承

武术承载着丰富的文化内涵和历史传统，是东方文化的重要组成部分，体现了民族精神和智慧。

实战性和竞技性

武术不仅可以用于自我防卫，还可以作为一种体育竞技项目，具有一定的实战性和竞技性。

总之，武术是一种融合了身体技能、精神修养和文化传统的综合艺术形式，具有丰富的内涵和多样的表现形式。

第二节　古代武术

原始社会的武术

武术的起源可以追溯到中国古代的原始社会。在那个时期，人们主要依靠狩猎和自卫来生存。为了更好地抵御野兽和敌人的攻击，人们开始系统地研究和发展战斗技巧和格斗技术，逐渐形成了武术的雏形。

商周时期的武术

在商周时期，武术逐渐成为统治者和贵族阶层必备的技能。同时，军事训练也得到了加强，武术发展向着更加规范和系统的方向发展。

春秋战国时期的武术

春秋战国时期是中国武术发展的关键时期。各国争霸，战争频繁，军事实力成为各国争相追求的目标。这一时期，许多武术流派和功夫大家纷纷涌现，不断探索战斗技巧和战略战术。

秦汉三国时期的武术

在秦汉三国时期，武术得到了极大的推动和发展。秦始皇统一六国后，实行了更加统一和标准化的军事训练。汉朝和三国时期，武术技艺得到了进一步传承和发展，不同流派之间的交流和竞争也更加活跃。

两晋南北朝时期的武术

两晋南北朝时期，国家分裂，武术发展进入了一个相对衰落的阶段。由于长期的战乱和政治动荡，武术的发展受到了较大的影响，流派之间传承和发展断裂。

隋唐五代的武术

隋唐五代时期，中国武术迎来了新的繁荣。隋朝统一全国，尊崇武术，大力提倡军事训练。唐朝是中国武术历史上的黄金时期，多个武术流派的创立和发展，如太祖长拳、少林功夫等，为中国武术奠定了重要基础。

宋元时期的武术

宋元时期，武术发展进入了一个相对缓慢和曲折的阶段。尽管如此，一些具有代表性的武术流派如嵩山少林功夫、武当太极拳等依然得以保持和传承。

明清时期的武术

明清时期，武术逐渐转变为一种文化艺术，并融入民间生活中。同时，新的武术流派如南拳、北拳等也相继兴起。明清时期的武术发展，不仅注重实用性，更注重内外兼修以及道德修养的培养。

总结起来，中国武术经历了漫长的发展过程，从原始野战技巧演变而来，经历了不同时期的兴盛与衰落，不断吸收借鉴，形成了丰富多样的武术流派和传统功夫。中国武术不仅是一种实用的战斗系统，也是中国传统文化宝库的重要组成部分。

第三节　近代武术

近代中国武术在形式上保留了传统的拳法、器械和套路，同时吸收了现代体育科学的训练方法，注重身体素质的提高和技术的实用性；在内涵上，强调内外兼修、心身合一的理念，追求身心健康、道德修养和自我完善。

近代中国武术的现代化发展、国际交流和影响

其主要体现在以下几个方面：

政府支持和推广

20世纪以来，中国政府开始重视武术的传承和发展，成立了许多武术学校和研究机构，制定了一系列的武术教学大纲和比赛规则，推动了武术的现代化发展。

中国武术界积极参与国际武术组织的活动，推动武术项目在国际赛事中的发展和推广，也为中国武术的发展注入了新的活力和动力。

国际交流和影响

（1）武术大师的演示和交流。

中国武术逐渐走向世界舞台，许多武术大师和团体在国际上进行了演

示和交流活动，吸引了越来越多的外国人学习和研究中国武术。同时，中国武术也影响了许多国际武术体系，如日本的空手道、韩国的跆拳道等。这些国际交流促进了中国武术在世界范围内的传播和发展。

（2）电影和电视剧的宣传。

中国武术题材的电影和电视剧在国际上享有很高的知名度，比如《功夫》《少林足球》等作品都在全球范围内取得了成功，让更多的人对中国武术产生了兴趣。

（3）留学生和海外华人的推广。

许多中国留学生和海外华人在国外传播和教授中国武术，他们成立了许多武术学校和协会，使得中国武术在国外得到了广泛的传播和发展。

近代中国武术在体育竞技和健身保健领域的发展

近代中国武术在体育竞技和健身保健领域的发展可以说是非常显著的。

在体育竞技方面

中国武术已经成为国际上备受瞩目的竞技项目。武术项目被纳入了全国性和国际性的体育比赛，如全国武术锦标赛、亚洲武术锦标赛和世界武术锦标赛等，这些比赛的成功举办促进了武术技艺的提高和传播，吸引了来自世界各地的武术爱好者参与，促进了中国武术与世界其他武术的交流和融合，中国武术在国际体育舞台上的影响力不断扩大。中国武术选手在世界各大赛事中频频斩获佳绩，展现了中国武术在竞技领域的实力和魅力，也为中国武术的国际传播树立了良好的形象。

在健身保健领域

在健身保健领域，中国武术也得到了广泛的推广和应用。越来越多的人选择学习中国武术作为一种健身方式，因为它不仅可以锻炼身体，还能够提升身心健康。许多健身俱乐部和健身中心也纷纷引入中国武术课程，满足人们对健康生活方式的需求。同时，中国武术的一些传统理念和养生方法也被应用于现代健康保健领域,为人们提供了更多选择。

总的来说,近代中国武术在体育竞技和健身保健领域的发展取得了长足进步,不仅在国际体育舞台上展现了中国武术的魅力,也为人们提供了一种健康的生活方式和保健方法。随着社会的发展和人们健康意识的提高,相信中国武术在体育竞技和健身保健领域的发展会更加广泛和深入。

第四节　中国民间武术

中国民间武术是中国古代文化的重要组成部分,其起源可以追溯到数千年前。它是由中国人民创造和传承的一种身体技巧和自卫技术。中国民间武术的起源和发展与中国古代社会的军事、农耕、宗教信仰、道家思想、医学理论等多个方面有关。

中国民间武术的起源

军事训练

古代军队在战争时期进行的武术训练对后来的武术发展产生了重要影响,特别是兵器使用和格斗技巧的训练。

农耕文化

中国农耕文化中的一些活动,如耕种、收割、运输等,涉及身体力量的运用和技巧的应用,逐渐演化为武术的一些基本动作和技术。

宗教信仰

佛教、道教和儒教等宗教信仰中,修炼身体和强健体魄是追求健康和长寿的组成部分。一些武术技巧和气功方法也与宗教信仰有密切关系。

中国民间武术的发展

中国民间武术的发展经历了漫长的历史进程,融合了多种风格和流派,形成了各具特色的系统。

传统民间武术

中国各地的民间社群通过口传、师徒传授和实践来传承和发展武术。在不同地域和民族之间,武术技巧和风格存在差异。例如,太极拳、形意拳、八卦掌等都是中国传统民间武术的代表。

宫廷武术

中国古代皇室和贵族也有自己的武术体系,称为宫廷武术。宫廷武术注重礼仪、技巧和身体控制,并且常与舞蹈、表演等艺术形式结合,如清朝的八卦门、昆仑派等。

现代武术

近代以来,为了弘扬中国传统文化,提倡健康体育运动,一些现代武术形式,如散打、太极剑、八卦刀等,被整理和创作出来,并加入了规范的比赛规则和训练方法。

中国民间武术是中国古代文化的重要组成部分。通过传承和创新,中国民间武术发展出了多种风格和流派,体现了中国人对身体和技艺的追求和探索,同时也成为了一种具有艺术价值和实用价值的体育运动形式。

本书以吕家军拳为例,介绍了吕家军拳的基本技术与功法。

第二章　吕家军拳概述

吕家军拳起源于南宋，由南宋名将吕文德所创，用于提高吕家军的战斗能力。吕家军拳是吕家军所习练拳术与器械的总称，其传承脉络清晰、体系完整。

据《宋史》《元史》记载，北宋末年，抗金名将岳飞率领的岳家军和吕文德、吕文焕率领的吕家军，合力护驾皇帝赵构南迁浙江临安后建立南宋。宋末元初，吕文德、吕文焕一族十多人均为宋军著名将领，凭血肉之躯建功立业，成为南宋末年抗击外族侵略的一品大员，吕文德被宋廷赠太傅，并在宋德祐元年（1275年）追封"和义郡王"。

吕文德为吕家军自编一套吕家军拳，以供军中训练，主要包括"大梅花""小梅花""六合""三步十二手"等十多套拳。今查《吕氏宗谱》得知，今金坛区东浦村吕氏为南宋一品大员吕文德后裔，东浦村吕氏出自安徽寿县吕氏，经今河南开封、郑州，浙江杭州、金华，江苏溧阳，最终迁徙至江苏省常州市金坛区东浦村，延续至今。根据吕家军拳传承人吕福成描述，吕家军拳显著提高了吕家军的战斗力，是吕家军战绩卓越的部分原因。中华人民共和国成立前，吕福成之父吕邦金在东浦村开馆收徒，传授吕家军拳，吕家军拳在江南传承至今已有800余年。

吕文德出道时，正处南宋联蒙灭金时期，金国在宋蒙联合进攻下灭亡后，蒙古国开始大举进攻中原。此时吕文德只是南宋名将赵葵手下的一个无名小卒，跟随赵葵部队长期与蒙古国军队对抗。南宋的军队时常被蒙古国军队击溃，吕文德见识了蒙古国军队的野蛮凶狠和剽悍善战，依旧跟随军队在两淮、荆襄、川蜀等诸多战线上与蒙古国军队展开了一轮又一轮的较量。因吕文德智勇双全，在军中威望颇高。在此期间，吕文德编练出了一支由自己的亲族及家乡樵夫、炭工组成的精锐军队，这些士兵因为常年劳作，所以皮肤黝黑，时人都称之为"黑炭团"。

通过数十年与蒙古国军队的作战，吕文德战功赫赫，不仅从一介兵丁成长为南宋高级将领，统帅数十万精兵，其手下的"黑炭团"也发展成了一个庞大的军政集团，黄震的《古今纪要逸编》记载："沿边数千里，皆归其控制，所在将佐列戍，皆俾其私人。"①吕文德及其率领的吕家军已经成了南宋抗蒙的中流砥柱，他驻防的京湖战区成了南宋最坚硬的盾甲。

吕家军"出道即巅峰"，吕家军战斗力之强，与吕文德创编吕家军拳，并严格训练士兵密切相关。吕家军拳具有近身短打、快速迅猛、上下共进等特点，可以大大提高士兵的作战能力，它是吕家军练兵的主要手段。吕家军拳在军队广为流传，无人不学，无人不用，那个时期是历史上习练吕家军拳人数最多的时期。

吕文德晚年犯下两个不可饶恕的错误。第一，忽必烈在南宋降将刘整的建议下，欲派人在襄阳城下设立榷场，因吕文德贪财好物，被人利诱，同意其在襄阳城下设立榷场。第二，蒙古人借机修筑土墙工事，名为保护榷场，实则是为了阻挡宋军的支援部队。吕文德轻敌大意，没有正确对待这件事儿，最终导致襄阳城被轻而易举攻破。公元1269年，年事已高的吕文德对自己晚年所犯下的错误深感不安，懊悔不已。不久，吕文德去世。他去世之后，恶果进一步出现，他那些遍布朝野、把守许多重要城池的亲朋故旧，尤其是武将大部分投降元朝，吕家军大规模投敌后各地宋朝守将如多米诺骨牌一样纷纷倒向元朝，一定程度上导致了南宋的灭亡。吕文德、吕文焕受尽世人唾骂，称其为投降派。吕家军就此分崩离析，更以习练吕家军拳为耻，从此吕家军拳销声匿迹。

吕家军拳经几百年的没落，如何传承至今已无从考证。但经吕氏后代数百年的传承与发展，逐渐形成了现在体系相对完整的吕家军拳。据传承人吕福成口述，其父亲吕邦金酷爱习武，于东周村拜师学拳，回今金坛区

---

① 姜锡东，李华瑞. 宋史研究论丛：第六辑［M］. 保定：河北大学出版社，2005：279.

东浦村开馆授徒，势必要将先辈所创优秀文化传承下去，又加之当时处于全国抗战时期，东浦村及其周边村庄村民习武热情高涨，掀起了一阵学习吕家军拳的狂潮，一传十，十传百，当时吕邦金所授学生达数千人有余，标志着吕家军拳进入恢复时期。到现在村中老人几乎人人都会吕家军拳。但随着城市化的发展，越来越多的年轻人向城市聚集，吕家军拳面临着发展后劲不足、传承乏力的困境。吕福成说："子女们工作繁忙，没有时间学拳、练拳，小孩子都变懒了，没人愿意去学。有想学的人也只能利用寒暑假，回到东浦村，学习吕家军拳。"吕家军拳作为体系完整的优秀拳种，后继之力实在令人痛心。但随着国家日益重视对优秀传统文化的保护，吕家军拳恢复生机值得期待。

第三章 吕家军拳基本动作

第一节 吕家军拳基本手形、手法

手形,武术名词术语。手有五指,拇指分两节,其他四指分三节。手指的屈伸、分并,形成了多种手形,也丰富了技法的内容。一般将手形分为拳、掌、勾三种。手法即手的各部位攻防技术的总称。

手 形

拳

四指并拢卷握,拇指紧扣食指和中指的第二指节,握拳有力,拳面平整,手腕绷直,不可屈腕(图3-1)。

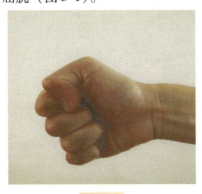

图 3-1

掌

吕家军拳掌形包含柳叶掌、八字掌、分指掌三种。

柳叶掌：四指并拢相靠，用力绷直且不突出于掌面，掌面要平，拇指弯曲，紧扣于虎口处（图3-2）。

八字掌：四指并拢相靠，用力绷直且不突出于掌面，掌面要平，拇指自然张开用力，与食指成八字（图3-3）。

分指掌：分指掌又名透风掌，五指用力分开，掌心微凹（图3-4）。

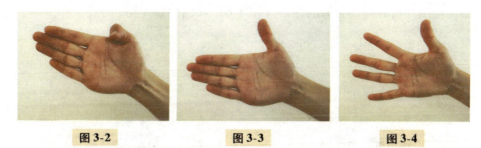

图3-2　　　　　图3-3　　　　　图3-4

勾

五指尖捏拢屈腕（图3-5）。

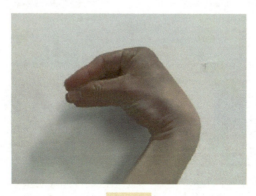

图3-5

手 法

冲拳

冲拳主要用于正面击打对方面、胸等部位。按照冲出后的拳形可分为平拳与立拳两种：平拳拳心向下，立拳拳眼向上。吕家军拳冲拳多为平拳。按照冲出方向，分为前冲拳（图3-6）和侧冲拳（图3-7）。

图 3-6

图 3-7

以右前冲拳为例。两脚左右开立成马步，两拳抱于腰间，肘尖向后，拳心向上。挺胸、收腹、直腰，右拳从腰间向前猛力出击，转腰、顺肩，在肘关节过腰后，右前臂内旋。力达拳面，臂要伸直，高与肩平，同时左侧向后牵拉。左前冲拳动作与右前冲拳动作类似，侧冲拳要求相同，唯动作方向不同。

开始练习时，先慢做，不要用全力，注意动作的准确性，然后逐步过渡到快速有力，达到一定熟练程度后可结合各种步形、步法和腿法进行冲拳练习。

架拳

以右架拳为例。两脚左右开立，两拳抱于腰间，肘尖向后，拳心向上。右拳向下、向左、向上经头前向右上方划弧架起，拳眼向下（图3-8），完成动作时要注意松肩，肘微屈，前臂内旋。左架拳手法类似（图3-9）。

图 3-8

图 3-9

开始练习时，先慢做，不要用全力，着重体会动作路线，然后逐渐加力，待熟练后可左右交替进行，或结合步形、步法和腿法（如做"马步架打"）进行练习。

劈掌

劈掌是以掌根、掌刃为力点，由上向下直臂弧形下摆劈击的掌法。以右手劈掌为例。两脚开立呈侧蹲姿势，重心放在左脚，脚跟踩实地面。双手叉腰，右手变掌直臂经左侧，向上、向右弧形劈击，掌刃向外，掌心向下，与脚踝同高，目随右掌。左手劈掌动作相同，唯方向相反。根据劈击的方向不同，劈掌可分为正劈掌、侧劈掌、斜劈掌和抡劈掌。完成劈掌时注意借助腰腹力量，增加劈掌的速度与力量（图3-10）。

也可两脚左右开立成马步，劈掌动作同上（图3-11）。

开始练习时，注意掌从胸前向下、向脚背成弧线平砍过去，起初动作不宜太快，注意动作路线。

图3-10

图3-11

十字手

身体正直,目视前方,双手手腕于胸前交叉,掌指朝上,向前推出。做动作时手腕发力,保持掌的直立,双臂架起,向前推出时手臂与腰腹配合发力,两脚脚尖方向相互垂直,脚跟之间的距离约为两只脚的长度(图3-12)。

开始练习时,由慢到快,保证动作的准确性,待熟练后结合步形、步法,体现出武术动作的感觉。

图 3-12

格肘

格肘分为内格与外格。以右格肘为例。马步站立,双手为拳,左拳收于腰间,肘尖向后,拳心向上,目视前方。右前臂上屈,立于体前,拳心向内,力达前臂。随腰部左转,前臂向内横挡为内格;随腰部右转,前臂向外横挡为外格(图3-13)。左格肘动作类似(图3-14)。

开始练习时,先慢做,体会腰部与格肘的配合,以及前臂的动作路线,左右均要练习,待熟练后可逐渐加快速度、加大力量。

图 3-13

图 3-14

横击肘

以右横击肘为例。马步站立,双手为拳,左拳收于腰间,肘尖向后,拳心向上,目视前方。右臂肘关节屈,弧形向前,屈臂平击,拳心向下,力达肘尖和前臂外侧。完成动作时不可耸肩,横击肘要平(图3-15)。左横击肘动作类似(图3-16)。

开始练习时,先慢动作单侧练习,体会发力的感觉以及其动作路线,待熟练后可左右交替练习,逐渐加快速度、加大力量。

图 3-15

图 3-16

顶肘

以右顶肘为例。马步站立，两拳收于腰间，目视前方。右臂内旋提至胸前，左拳变掌，扶于右拳面时向右侧方顶击，同时左掌向右助推，头向右转，目视右侧方。顶肘时，右臂保持水平，力达肘尖（图 3-17）。左顶肘动作类似（图 3-18）。

开始练习时，先做慢动作，体会顶肘发力的感觉，保持动作的准确性，注意沉肩，臂端平。在掌握动作的基础上，逐渐加快速度，强化顶肘动作。

图 3-17

图 3-18

盘肘

以右盘肘为例。马步站立,两拳收于腰间,目视前方。右直臂向右伸出,拳心向下,头右转,目视右拳方向。然后右臂屈肘内夹,与肩同高,目视前方。动作连贯,力达肘尖(图 3-19)。左盘肘动作类似(图 3-20)。

开始练习时,动作要慢,保证动作轨迹的准确性,体会腰腹发力、力达肘尖的感觉。在掌握基本动作要领后,逐渐加快速度,可左右交替完成。熟练后结合马步、弓步完成盘肘动作。

图 3-19

图 3-20

第二节　吕家军拳基本步形、步法

步形是练习功法时下肢所做的基本动作。步法是脚步移动、变化方法的总称。步法是身、手、腿各种攻防技法得以实施的基础。另外，步与身、手要求上下协调一致、进退得宜。步形和步法主要用于提高速度和增强腿部的力量，以提高两腿移动转换的灵活性和稳固性。

步　形

弓步

弓步分为左弓步和右弓步，弓右腿为右弓步，弓左腿为左弓步（图3-21）。

图 3-21

以左弓步为例。两脚前后开立，左脚向前一大步（为本人脚长的4～5倍），脚尖微内扣，左腿屈膝半蹲（大腿接近水平），膝与脚尖垂直。右腿挺膝伸直，脚尖内扣（斜向前方），两脚全脚着地。武谚云："前腿弓，后腿绷，挺胸沉胯莫晃动。"故除前腿弓、后腿绷外，还要沉髋、塌腰、挺胸，使上体正对前方，保持直立，眼向前平视，两手抱拳于腰间。

左右弓步转换可以有效提高弓步的稳定性。练习时切忌重心过高且不稳、脚后跟抬起、身体前倾。

马步

两脚平行开立（两脚间距约为本人脚长的3倍），脚尖正对前方，屈膝半蹲，膝部不超过脚尖，大腿接近水平，全脚掌着地，身体重心落于两腿之间，两手抱拳于腰间（图3-22）。武谚云："左右并立三足宽，双腿水平如从鞍，挺胸塌腰向前看，稳如泰山人难撼。"

图3-22

通过长时间保持马步的步形方法进行训练，能够有效增强习武者的腿部力量。还可以结合冲拳、推掌进行练习。练习时切忌双脚间距过大、塌腰驼背、双脚外撇。

虚步

以左虚步为例。两脚前后开立，右脚外展45°，屈膝半蹲，左脚脚跟离地，脚面平，脚尖稍内扣，虚点地面，膝微屈，重心落于后腿上，两手抱拳于腰间，眼向前平视。左脚在前为左虚步，右脚在前为右虚步（图3-23）。

武谚云："虚步前后分虚实，前进后退任自便。"

练习时可由高到低，逐渐降低重心，主要力量放在支撑腿上，虚步占三分。待能够完成标准动作后可延长保持时间。若无法完成该动作或重心不稳，要增加支撑腿的力量训练。切忌虚实不分。

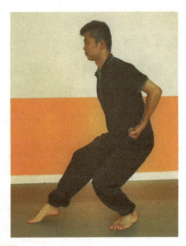

图 3-23

仆步

以左仆步为例。两脚左右开立，右腿屈膝全蹲，大腿和小腿靠紧，臀部接近小腿，右脚全脚掌着地，脚尖和膝关节外展，左腿挺直平仆，脚尖内扣，全脚掌着地。两手抱拳于腰间，眼向仆步方向平视。仆左腿为左仆步，仆右腿为右仆步（图 3-24）。武谚云："单叉下仆伏地虎，蹲起下伏任自如。"

图 3-24

可通过增加柔韧性，来提高仆步完成的质量。练习时切忌身体前倾、平仆腿不直、全蹲腿蹲不下、脚跟提起。

横裆步

横裆步与弓步相似，弓左腿为左横裆步，弓右腿为右横裆步（图3-25）。

以左横裆步为例。双脚左右开立，宽度与弓步近似。全脚掌着地，脚尖面向正前方，左膝弯曲，与小腿垂直，大腿平行于地面。沉髋、塌腰、挺胸，身体直立，面向正前，双手抱拳于腰间。

横裆步可通过长时间保持的方法进行训练。练习时切忌双脚开立距离小、重心高、身体前倾、脚跟抬起。

图 3-25

步 法

上步

一脚向前一步或半步后成一定步形（图3-26）。上步后常伴随进攻技法，如上步冲拳等。

图 3-26

跟步

　　一脚向前上一步，另一脚随后跟上半步或一步，落在前脚后面（图3-27）。跟步多是形意拳配合手法的步法，如跟步崩拳等。它能增强上步进攻力量。

图 3-27

退步

一脚向后退半步或一步,或两脚依次后退(图 3-28)。退步主要用于防守对方进攻。

图 3-28

撤步

撤步是一脚向后退半步或一步,另一脚随之向后撤半步或一步,停落在后脚前(图 3-29)。撤步主要配合冲拳、格挡等手法,用于退守,并在退守的同时能伺机反攻。

图 3-29

交叉步

交叉步是两腿侧向交叉走（图3-30）。一腿向另一腿前面交叉，侧面迈步。一腿向另一腿后面侧向插步，也称侧步走。交叉步主要用于闪避对方的正面攻击，并从侧面进攻对方。

图3-30

踏步

踏步又称震脚，两腿并步站立，一腿屈膝上提，支撑腿屈膝的同时另一脚全脚掌用力向地面踏击（图3-31）。踏步主要用于助威、助势或踏对方脚面。

图 3-31

跃步

一脚蹬地踏跳，向前腾跳；另一脚随势向前摆跳。落地时踏跳腿落于后，摆跳腿落于前（图 3-32）。落地可成仆步、弓步等步形。跃步主要用于快速接近敌人并随机施展攻击。

图 3-32

第三节　吕家军拳基本腿法

里合腿

里合腿属于直摆性腿法。两脚并立,两手立掌或握拳,两臂侧平举。右脚向右前方上半步,左脚脚尖勾起里扣并向左侧上方踢起,经面前向右侧上方直腿摆动,落于右脚外侧。右手掌可在右侧上方迎击左脚掌(击响),也可不做击响动作,眼向前平视(图3-33)。练习时左右腿交替进行。

图3-33

做动作时要挺胸、直腰、松髋,里合幅度要大,成扇形。支撑腿脚跟抬起,膝关节弯曲。低头、弯腰、驼背都是里合腿最容易出现的问题。所以里合腿要与锻炼腿部柔韧性结合起来一起练习,逐渐加快摆腿速度,做到干净利落,熟练后可做行进间左右腿交替练习。

外摆腿

外摆腿属于直摆性腿法,又称"摆莲腿"。动作同里合腿,唯方向相反。两脚并立,两手立掌或握拳,两臂侧平举。左脚向左前方上半步,右脚紧接着向左侧上方踢起,经面前向右侧上方摆动,直腿落在左腿旁,眼向前平视(图3-34)。左掌可在左侧上方击响,也可不做击响。练习时左右腿交替进行。

做动作时要挺胸、塌腰,外摆幅度要大,成扇形。易犯错误与练习方法与里合腿相同。

图 3-34

弹腿

弹腿属于屈伸性腿法。支撑腿直立或稍屈,另一腿由屈到伸向前弹出,高不过腰,膝部挺直,脚面绷平,小腿弹击脆快有力,力达脚尖。

以左弹腿为例,两腿并立,两手叉腰或双手抱拳于腰间。左腿屈膝提起,大腿与腰平,左脚绷直。提膝接近水平时,要迅速猛力挺膝,向前平踢(弹击),力达脚尖。大腿平,与小腿成直线,与腰平齐,右腿伸直或微屈支撑,两眼平视前方(图3-35)。

练习时注意挺胸、直腰、脚面绷直、收髋,弹击要有寸劲。开始练习弹腿时，要寻找脚面绷直、力达脚尖的感觉，弹腿高度可由低到高逐渐达到要求。熟练后可左右腿交替进行，或者结合冲拳、推掌进行行进间练习。

图 3-35

旋风脚

旋风脚属于腾空动作，左脚向左上方提膝转身，同时左手向前、向上摆起，右臂伸直向后、向下摆动。右腿随即上步，脚尖内扣，准备踏跳。左臂向下摆动并屈肘收至右胸前，同时右臂向下、向后抡摆，上体向左旋前探。重心右移，右腿屈膝跳起，左腿提起向左上方摆动，上体向左上方翻转，同时两臂向下、向左上方抡摆。身体旋转一周，右腿做里合腿，左手在面前迎击右脚掌，左腿自然下垂（图3-36~图3-38），完成后成马步姿势。

完成动作时要注意右腿做里合腿时，要贴近身体；摆动时，膝挺直，由外向里成扇形。

击响点要靠近面前。左腿外摆要舒展，并在击响的一瞬间离地腾空。初学时，左腿可自然下垂。当能够较熟练地完成腾空动作时，左腿逐步高摆，屈膝或直腿收控于身体左侧。抡臂、踏跳、转体、里合腿等环节要协调一致；身体的旋转不少于270°。

旋风脚具有一定难度,练习时可将其分解,开始可做原地或行进间的"里合腿加转体90°"的动作练习、原地或行进间"左腿外摆—右腿里合"的转体击响练习、做不加腿法的抡臂旋体跳转360°的翻身跳练习,最后做跳起转体90°的击响练习,逐步增加到转体180°、270°的练习。熟练后想要增加转体的度数,首先,要避免上下不协调、脱节的问题,上下脱节会制约转体速度;其次,腾空时避免身体下坐,重心下降会大大降低腾空时间;最后,避免上体后仰,上体后仰不仅会影响转体速度,还会影响动作美观。

图 3-36

图 3-37

图 3-38

第四章 吕家军拳基本技法

第一节 拳术类

六合拳

预备式

站立，挺胸，收腹，目光平视前方，双手握拳于腰间（图4-1），拳心向上，双脚并立，脚尖向前，双拳向身体一侧伸出，先做右侧冲拳（图4-2），后做左侧冲拳（图4-3）。冲拳与肩平行，双拳变掌，并同时向外翻转，再握紧双拳收回到原位。

图4-1

图4-2

图4-3

行拳礼

右拳松开变掌,在左侧做后绕环(图4-4),向上置于胸前,左手平推至胸前平行,拳心向下,右手绕环后放在左手拳背上行拳礼,由左至右,目光跟随右手平视左右,并转头(图4-5、图4-6)。

图4-4　　　　　　图4-5　　　　　　图4-6

削手

右手向上翻转,掌心向外,左拳松开向下伸展翻转,双手翻转至胸前平行,手成掌形,掌心向下,左手臂向左伸直,同时右手臂屈肘,掌心向下位于胸前,目光随左手在左方(图4-7)。左手收回至胸前,即刻向上翻转,掌心向上。右手向下转,以同样的姿势转到两手平行于胸前,掌心向下,右手臂向右伸直,同时左手臂屈肘,掌心向下,位于胸前,目光随右手在右方(图4-8)。

图 4-7

图 4-8

行拳

以削手完成姿势，左脚跺地，左手从胸前向左前上方削击（图4-9），身体转向左方，左脚跨伸至左前方成弓箭步（图4-10）。左手削击后握拳收回腰间。右手成拳，弓箭步成型后，做右冲拳。

图 4-9

图 4-10

右冲拳后迅速拉回。顺势向上翻转，左手向下。左脚撤回弓箭步，收回至右脚方位（图 4-11）。膝盖微屈，脚尖点地，身体呈侧虚步，左掌劈于左脚侧面，右手成掌收回腰间（图 4-12）。

图 4-11

图 4-12

双削双推

以行拳完成姿势，双眼平视左前方，双手成掌形合并，向前上方左右削击，此为双削（图 4-13）。右脚旋转 180°横跨到左前方，成三七步（图 4-14），双手双削至胸前并交叉，双手向前用力一推，此为双推（图 4-15）。

图 4-13

图 4-14

图 4-15

上步坐马

右脚收缩半步，再跨一大步，左脚跟上半步，成马步，成上步坐马势，同时双手成拳，收于腰间，待右脚成马步后，右拳冲击，连续动作两次（图 4-16、图 4-17）。

图 4-16

图 4-17

冲拳、滚手拳

右脚跨步成弓箭步，左手托于右肘，身形转正。右拳向上冲拳后，右拳向上、向内翻转。右手翻至胸前，再翻至前方（滚手拳），左手扶于肘上，掌心向下（图 4-18、图 4-19、图 4-20）。

图 4-18

图 4-19

图 4-20

弹腿防卫

左手随之从右臂翻转。双手成掌收至腰间,右脚略收(图 4-21),身形前移,右脚站立后,提左膝向前踢击,脚背绷直,目视前方(图 4-22)。

图 4-21

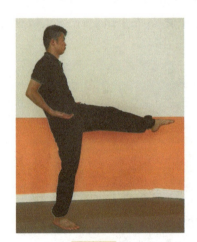

图 4-22

左脚踢击后,身体顺势向右旋转180°,左脚落地后成马步。同时右拳变掌,抬至额头上方,掌心向外(图 4-23),身体下蹲成马步时用力劈下,劈至右小腿处(图 4-24)。起身抬右脚,以左脚为轴,身体向右转动180°落地后身体下蹲成马步。右掌变拳,收回腰间,左拳向身体左侧冲出,头部左摆,目视左拳(图 4-25)。

图 4-23

图 4-24

图 4-25

马步劈掌

撤左脚于右脚前，右脚随后前迈一步，身体向左旋转 180°，双手为掌交叉在体前翻转，左手先上抬至额头上方变拳后收回腰间，右手从头部右侧顺身体劈下，劈至右小腿处，身体下蹲成马步，头部右摆，目视右手（图 4-26、图 4-27）。

图 4-26　　　　　　　　图 4-27

撤右脚于左脚前，左脚随后前迈一步，身体向右旋转180°，双手为掌交叉在体前翻转，右手先上抬至额头上方变拳后收回腰间，左手从头部左侧顺身体劈下，劈至左小腿处，身体下蹲成马步，头部左摆，目视左手（图4-28、图4-29）。

图 4-28　　　　　　　　图 4-29

架掌

重心移至右脚,左脚上一小步,左掌右拳相交于胸前,随后右拳收回腰间,左掌向左上方架起,掌心向外,身体正直,头部左摆,目视前方(图4-30)。

收左脚于右脚前,身体左转180°,右脚前迈一步,重心放于左腿。双臂从头部上方划至胸前相交,右手为掌,左手为拳,左拳拉回腰间,右掌向右上方架起,掌心向外,头部右摆,目视前方(图4-31)。

图4-30

图4-31

仆步削手、撞肘防卫

收右脚于左脚旁,身体向右旋转180°,左脚向左侧迈一步,重心位于右脚,身体下蹲成仆步。双臂在体前翻转,右掌变拳收回腰间,左拳变掌沿身体左侧劈至左小腿处,头部左摆,目视左掌(图4-32、图4-33)。

起身,重心由右脚移至左脚,身体左转成左弓步,左掌变拳收回腰间,右臂抬起横于体前,随身体拧转将右肘撞出,身体正直,目视前方(图4-34)。

图 4-32

图 4-33

图 4-34

　　收左脚于右脚旁，身体向左旋转180°，右脚向右侧迈一步，重心位于左脚，身体下蹲成仆步。双臂在体前翻转，左掌变拳收回腰间，右拳变掌沿身体右侧劈至右小腿处，头部右摆，目视右掌（图4-35）。

　　起身，重心由左脚移至右脚，身体右转成右弓步，右掌变拳收回腰间，左臂抬起横于体前，随身体拧转将左肘撞出，身体正直，目视前方（图4-36）。

图 4-35

图 4-36

马步侧冲拳、格肘

撤右脚至左脚后方，身体向右旋转，左肘收回，左拳收回腰间，身体随后下蹲成马步，同时左拳向左侧冲出，头部左摆，目视左拳（图 4-37）。

图 4-37

左脚后撤一步，身体左转 180°，身体下蹲成马步。左拳收回腰间，右臂抬起立于身体右侧，随后内格。身体重心再次下降，由拳变掌，沿身体右侧劈下，劈至右小腿处，目视右掌（图 4-38）。

图 4-38

左脚前迈一步，身体右转180°，身体重心下降成马步。右掌变拳收回腰间，左拳随身体旋转、下蹲用力向身体左侧冲出，头部左摆，目视左拳（图4-39）。

图 4-39

地扫帚、犀牛望月

收拳，双手变掌，同时削向地面（图4-40），以左脚为支点，伸右脚做后扫腿180°，扫腿方向为左前方，此为地扫帚（图4-41）。

图 4-40

图 4-41

扫腿结束后，以右脚立定，呈侧弓步，右手握成拳，与太阳穴平齐，右肘与眉平行。左臂横挡在胸前，左手变掌，翻掌护在右腋下，双目平视左前方，此为犀牛望月（图 4-42、图 4-43）。

图 4-42

图 3-43

荡拳

左腿微收，重心上提，右脚顺势前跨，落地后重心落于右脚成右弓步，右拳紧跟右脚前跨之势，向前猛挥拳，拳背向上，挥到与肩平行（荡拳），左手顺势放于右手肘关节上方（图 4-44、图 4-45）。

双拳收回腰间，右脚虚点地。

图 4-44

图 4-45

双拳

身体挺胸前倾，右脚站定，提起左脚向前踢出，顺踢脚之势，左脚跨前一步立定，双拳从肋部向前冲击（双拳）（图 4-46、图 4-47）。

图 4-46

图 4-47

撞肘

双拳冲击后，变掌上翻，成双削式大回旋，右脚前跨，身体微右转成切步，右手顺双削式大回旋上升至肩部高度，左手变拳收回腰间，右臂随身体右转向右撞肘（图4-48、图4-49）。

图 4-48　　　　　　图 4-49

收势

右脚前跨，左脚提起，身体转动180°，左脚落地成左虚步（图4-50）。伸展双臂成老鹰展翅（图4-51）。双手交叉搭在前方（图4-52），收成喜鹊登梅，站起立定。

图 4-50　　　　　　图 4-51

图 4-52

梅 花 拳

起势

站立，挺胸，收腹，平视前方，双手握拳放在腰间，拳心向上（图 4-53），右摆头，向右侧出右冲拳（图 4-54），拳变掌做抓握动作，完成后收回腰间，平视前方。左摆头，向左侧出左冲拳（图 4-55），拳变掌做抓握动作，完成后收回腰间，平视前方。

图 4-53

图 4-54

图 4-55

行拳礼

右手自然张开变掌，从身体右侧，由后向前环绕，目光跟随右手，最终划至胸前（图 4-56），掌心向下。与此同时，左拳不变，由腰间自然划至胸前，拳心向下（图 4-57）。右手掌轻搭于左手手背上，双臂架平，由左至右行拳礼，目光跟随拳礼由左向右扫视（图 4-58）。

图 4-56

图 4-57

图 4-58

震脚马步抱球、马步右冲拳

左脚向左侧跨出一步，震右脚，右手由掌心向下变为掌心向上，两手掌心相对，成左手在下、右手在上的抱球姿势。

右脚向侧跨步，脚尖向前，略比肩宽，挺胸收腹，下蹲成马步姿势，大腿与地面平行。同时，左手内侧、右手外侧交换位置，再形成右手在上、左手在下的抱球姿势，此时右手掌心向下，左手掌心向上（图4-59）。微起身，双手继续抱球，身体微右转，抬左腿向前迈步，左脚落地后，双臂平行护于胸前。身体左转90°，右脚再向前迈一大步，双脚平行再成马步，头部向右摆动，注视右肩方向，双手握拳，左手后拉至腰间，右手向注视方向冲拳（图4-60）。

图 4-59

图 4-60

喜鹊登梅、仆步劈掌、弓步冲拳

微起身，重心由左脚移至右脚，收回左脚成虚步，左右手画圆由上向下交叉于胸前（图4-61），左手从右手内侧反转至外侧，保持手腕交叉姿势，身体后坐，降低虚步重心，成喜鹊登梅（图4-62）。

图 4-61　　　　　　图 4-62

右脚向后撤步，变为左脚在前，成右仆步。左脚撤步的同时，双拳变双掌向外翻转，双臂以相反方向在体前画圆，右手在上，由左至右由上向下，左手在下，由右至左由下向上，左手成掌，贴近身体下劈至左小腿部位，再以劈掌路线收回，收回同时，右手下劈至右小腿部位。收回时，头部先上抬，右手成架掌，手心向外，五指并拢，置于额头上方，随后再目视前方，手臂用力撑住，左臂自然下落，护于腹部前，左手为掌，收于右腰间，掌心向内。略微提高身体重心，右脚从左脚前交叉步前迈，落地时震脚，同时跟左脚，再次向前迈一大步，重心位于右脚，下蹲成左仆步。在迈脚时，双手变掌为拳，右手由额头处下放至腰间，左臂上架，大小臂折叠，放于头部左侧，呈防守姿态，随后左臂从面部前方由左向右滑动，同时腰部微右转，左拳变掌贴近身体向左下方做劈掌，与仆步腿平行（图4-63、图4-64）。

起身，重心由右腿换至左腿，成左弓步，下劈掌变拳收回腰间，拳心向上，右拳随弓步形成转腰冲拳，拳心向下，身体正直，胸腹部面向正前方（图4-65）。

图 4-63

图 4-64

图 4-65

扶肘捶

右拳收回腰间，双拳自然张开，由下向上，由左至右，以相同动作从身体右侧画半圆挪向身体左侧，左右手同时翻转，掌心始终是下方手向上、上方手向下，但不相对。完成后，右脚向右前方跟一步，放于左侧脚的正右方，成左弓步，双手由体前猛向身体右后侧一撇，此时，右手在上，左手在下（图 4-66）。

收左脚，脚尖点地，顺势踢击左脚，双手手背相对至腹部，再缓慢向上抬起，抬至最高点时自然打开，从身体两侧下落。头部跟随双手先上抬，双手打开后摆向右侧，右脚向右侧迈一步，成右弓步。双手自然下落到体侧后，抬起左手为掌，右手为拳，左手扶在右肘上，掌心对肘尖，右肘微曲，略大于90°，拳心向内，由左横裆步变右弓步时，向外顶出（图4-67）。

图4-66　　　　　　　　图4-67

左右弹腿、马步冲拳

转头拧腰，身体向左转动180°，由右弓步变左弓步，左手变拳，双手同时上架至额头，拳心向外，双肘架起，目视前方。收左脚，脚尖点地，重心在右脚，左手由拳变掌，手心向上扶于右肘，右大臂平行于地面，小臂垂直地面架于面部右侧，拳心向内，身体重心上提，左腿提膝弹腿，自然下落（图4-68）。右手由拳变掌扶左肘，左手由掌变拳，以右臂同样动作至面部左侧，右腿从后向前提膝弹腿，自然下落（图4-69）。身体左转90°，头部向右摆动，身体下蹲成马步，左手收回腰间，拳心向上，右手变拳，从身体右侧冲出，拳心向下，目光看右拳（图4-70）。

图 4-68

图 4-69

图 4-70

外摆里合双冲拳

身体右转 90°，左脚向左前方迈一步，放在右脚侧面，脚尖点地，成高虚步，右拳收回腰间，左冲拳，目光注视左拳。冲拳后，左右手变掌，同时向左后方摆动，左腿直腿高踢，做外摆腿，双手拍左脚背击响（图 4-71）。完成外摆腿后，左腿自然下落，身体自然左转，迅速高踢右腿，做里合腿，双手再次重叠击打右脚背（图 4-72）。右脚即将落地时，左脚蹬地发力跳起，双脚腾空，左腿在身体后侧上撩，右手击左脚（图4-73）。

图4-71　　　　　　图4-72

图4-73

完成后下落成左仆步，身体正好旋转一周，双臂相交于体前，由下向上抡臂一周，左臂在上，右臂在下，左手成掌，顺腿部劈出至小腿处，右手握拳收回腰间，目光注视左手（图4-74）。

起身，重心移至左腿，变左弓步，左手由掌变拳收回腰间，拳心向上，跟随弓步变化，转腰正身，右拳用力冲出，拳心向下，目光注视右拳（图4-75）。收右拳至腰间，收左脚至右脚旁，身体转动180°，右脚向前迈出，身体下蹲成马步，头部向右侧摆动，向身体右侧再次冲右拳，目光注视右拳（图4-76）。

图 4-74

图 4-75

图 4-76

左仆步劈掌、弓步盘肘；右仆步劈掌、弓步盘肘

右脚收回，身体右转90°，保持正直，右臂先上摆，由拳变掌，再从体前由下向上，手臂翻转，掌心向外，架于额头之上，手掌用力成架掌，左手从左腰间由拳变掌护向右腰间，右拳顺势从腰间发力成弓步盘肘。再次抬右脚，用力下跺震脚，左脚紧跟抬起，身体右转90°，左脚向身体左侧迈一大步，身体下蹲，重心放于右脚，成左仆步。在震脚的同时，右手由掌变拳，从额头上方收回腰间，拳心向上，左掌从右腰间顺势上抬，大小臂折叠护于头部左侧，随后贴身体左侧，发力劈出至左小腿处，头部左摆，目光注视左掌（图4-77）。

重心由右脚转至左脚，身体转动90°，成左弓步，左掌变拳收回腰间，右臂大小臂折叠于胸前，拳心向下，肘尖向前，目视前方（图4-78）。

图4-77　　　　　　　　　　图4-78

撤左脚震脚，身体向左旋转90°，右脚向身体右侧迈出，重心在左脚，下蹲，成右仆步。左手由体前向上架掌，架于额头上方，随后由掌变拳收回腰间，右手下落护于右腰前，随后向上抬头，顺身体右侧劈出，劈至右小腿处（图4-79）。

起身，重心由左脚转至右脚，身体右转90°变右弓步，右手由掌变拳，顺势收回腰间，左臂大小臂折叠于胸前，拳心向下，肘尖向前，目视前方（图4-80）。

图 4-79　　　　　图 4-80

马步双冲拳

身体右转，右脚向后迈一大步，右拳收回腰间，身体下蹲成马步，顺手将左拳冲出，头部左摆，目视左拳（图 4-81）。

身体左转 180°，右脚前迈一大步，左拳收回腰间，身体下蹲成马步，顺势将右拳冲出，头部右摆，目视右拳（图 4-82）。

图 4-81　　　　　图 4-82

外摆仆步劈掌、弓步冲拳

左脚向身体左侧迈一步，脚尖点地，右拳收回腰间，头部左摆，左手向身体左侧冲拳（图4-83）。身体猛左转，左腿向左上方摆动，完成外摆腿，身体顺势左转，双手交叉叠于额头上方，拍击左脚背（图4-84）。

图4-83

图4-84

左脚自然落地，双臂相交于胸前，右臂由下向上翻转，左臂由上向下翻转，双脚交叉垫步，落地，重心放于右脚，成左仆步，右掌变拳，收回腰间，左掌沿身体左侧劈出，至左小腿处，头部左摆，目视左掌（图4-85）。

身体左转90°，重心由右脚转至左脚，左仆步变为左弓步，左掌变拳，收回腰间，右拳从腰间向前冲出，拳心向下，目视前方（图4-86）。

图4-85

图4-86

右劈掌、左冲拳

收左脚于右脚旁，左脚再次抬起震脚，同时右脚抬起前迈，身体转动180°成右仆步。双臂交叉于体前翻转，左臂由上而下，右臂由下而上，左手变拳收于腰间，右手变掌贴左侧身体顺势劈出，至右小腿处，头部右摆，目视右掌（图4-87）。

起身，重心由左腿转移至右腿变右弓步，右掌变拳，收回腰间，拳心向上，左拳从腰间冲出，身体转正，目视前方（图4-88）。

图4-87　　　　　　　图4-88

马步左冲拳、马步右冲拳

起身，撤右脚至左脚后方，两脚间距大于肩膀，身体旋转180°下蹲成马步，右手握拳，收于腰间不动，左手先收回腰间，成马步后再向身体左侧冲出，拳心向下，头部左摆，目视左拳（图4-89）。左脚抬起微微前迈，右脚向前迈一大步，放于左脚前方，身体左转180°再成马步，左拳收回腰间，拳心向上，右拳从腰间向身体右侧旋转冲出，拳心向下，头部右摆，目视右拳（图4-90）。左脚向前一步，身体右转90°，左拳从腰间向身体左侧旋转冲出，目视左拳（图4-91）。

图 4-89

图 4-90

图 4-91

外摆仆步劈掌、弓步冲拳

身体左转，左脚高踢，做外摆腿，右手由拳变掌，当左腿踢至最高点时，右手击打脚背（图 4-92）。身体旋转 90°，左脚落地后成左仆步，双臂体前交叉翻转，右手变拳收回腰间，左手为掌，顺身体左侧劈出，劈至左小腿处，头部左摆，目视左掌（图 4-93）。起身，重心由右至左，身体向左拧转 90°成左弓步，左手由掌变拳收回腰间，右拳从腰间旋转冲出，身体转正，目视前方（图 4-94）。

图 4-92　　　　　图 4-93　　　　　图 4-94

马步冲拳、左仆步劈掌、左弓步格挡

左脚向后撤一大步，右拳先顺势收回腰间，身体左转，下蹲成马步，右拳再向身体右侧冲出，头部右摆，目视右拳（图 4-95）。

撤右脚于左脚前，身体右转，左脚向身体左侧迈一大步，双臂于胸前交叉翻转，左臂由上向下，右臂由下向上。重心放于右脚，身体下蹲成左仆步。右掌变拳收回腰间，左掌沿身体左侧劈至左小腿处，头部左摆，目视左掌（图 4-96）。

起身，重心由右脚转至左脚，身体左转 90°，左掌变拳收回腰间，右臂先向后拉伸，再向体前横出，小臂立于体前，大小臂夹角略大于 90°（图 4-97）。

图 4-95　　　　　图 4-96　　　　　图 4-97

右仆步劈掌、右弓步格挡

撤左脚于右脚旁,右脚前迈一步,重心放于左脚,身体下蹲,成右仆步,双臂于胸前交叉翻转,右臂由上向下,左臂由下向上。重心放于左脚,左掌变拳,收回腰间,右掌沿身体左侧劈至左小腿处,头部右摆,目视右掌(图4-98)。

起身,重心由左脚转至右脚,身体右转90°,右掌变拳,收回腰间,左臂先向后拉伸,再向体前横出,小臂立于体前,大小臂夹角略大于90°(图4-99)。

图4-98

图4-99

马步双冲拳

身体右转,右脚向后迈一大步,右拳收回腰间,身体下蹲成马步,顺手将左拳冲出,头部左摆,目视左拳(图4-100)。

身体左转180°,右脚前迈一大步,左拳收回腰间,身体下蹲成马步,顺势将右拳冲出,头部右摆,目视右拳(图4-101)。

图 4-100

图 4-101

下蹲砸拳、旋风脚马步冲拳

身体向左转180°，先向左后方迈左脚，右脚再跟随，两脚之间距离略大于肩宽，同时左臂先向下抡，右臂在体后向上抡，右脚落地后身体下蹲，左掌护于脸部右侧，掌心向外，大小臂折叠护于胸前，右臂抡至头部最高点，右拳用力下砸，胳膊垂直于地面，拳心面向自己，砸拳位置位于两脚之间、身体中轴，身体正直，目视前方（图4-102）。

图 4-102

起身，右脚向左前方迈一小步，脚尖朝向左前方，双臂向右后方摆动，身体向右侧扭转，为旋风脚蓄力，顺势用力提左膝，当提至最高点后，双臂用力向左上方摆动，头部、肩部用力左甩，并目视左后方，右腿顺势在空中做里合腿，身体旋转360°，并在空中用左手拍击右脚背（图4-103）。落地后成马步，双手变拳，左拳收回腰间，右拳向身体右侧冲出，头部右摆，挺胸，目视右拳（图4-104）。

图4-103　　　　　　图4-104

左仆步劈掌、弓步右冲拳、马步右冲拳

右脚放于左脚前，左脚再向身体左侧迈出一步，身体下蹲成左仆步。双拳变掌，在体前交叉翻转，左臂由上向下，右臂由下向上，右掌变拳，收回腰间，左掌沿身体左侧劈出，头部左摆，目视左掌（图4-105）。

图 4-105

起身,重心由右脚转至左脚,身体左转 90°,左掌变拳,收回腰间,右拳从腰间旋转冲出,目视前方(图 4-106)。

撤左脚于右脚前,右手收于腰间,左拳前伸,迅速旋转拉回于腰间,拳心向上,与此同时,右脚前迈,身体左转下蹲成马步,右拳由腰间向身体右侧冲出,拳心向下,头部右摆,目视右拳(图 4-107)。

图 4-106

图 4-107

收势

身体左转，头部转正，左脚向后撤一步，脚尖点地，重心落于右脚，身体下蹲成虚步（图4-108），双拳变掌，左臂在前、右臂在后伸直，左臂由上向下、右臂由下向上，交叉于胸前，身体下蹲，双掌在胸前翻转成左掌外、右掌内，目视前方，成喜鹊登梅（图4-109）。最后恢复到立正姿势。

图4-108

图4-109

第二节　六合拳对练

起势

甲乙双方平行站立，但方向相反，甲方面向里，乙方面向外。甲乙双方双脚均并拢站立，挺胸收腹，目平视前方，双手握拳，放在腰间，拳心向上，右摆头，向右侧出右冲拳，拳变掌做抓握动作，完成后收回腰间，目平视前方。左摆头（图4-110），向左侧出左冲拳，拳变掌做抓握动作，完成后收回腰间，目平视前方。甲乙双方动作相同且一致。

图 4-110

行拳礼

甲乙双方左手自然张开变掌，从身体左侧由后向前环绕，最终划至胸前，掌心向下。与此同时，右手拳不变，由腰间自然划至胸前，拳心向下。左手掌轻搭于右手手背上，双臂架平，由左至右行拳礼，目跟随拳礼由左向右扫视（图 4-111）。甲乙双方动作相同且一致。

图 4-111

横裆步格挡

甲乙双方同时震左脚，将左脚向身体左侧迈出。

乙方防守，右手握拳，身体左转，左臂上格挡，保护头部位置，目视对方。

甲方进攻，左脚迈出成左横裆步，右臂抬起至身体右侧，大臂、小臂夹角略大于90°，身体向左侧拧转，用力抓握（图4-112），左手掌变拳收于腰间，与身体保持一定距离。

图 4-112

弓步冲拳

乙方进攻，左臂顺势收回腰间，右臂冲拳，攻击甲方腹部。
甲方收左拳于腰间，右臂下按，进行防守（图4-113）。

图 4-113

弓步劈掌

甲方进攻，左腿蹬地发力成侧虚步，左手成拳，向前下方冲拳，进攻对方小腿部位，右拳收于腰间，目视攻击方向。

乙方防守，收左腿呈侧虚步下蹲，左手向下格挡至小腿部位，右手为拳，收于腰间，目视格挡方向（图4-114）。

图4-114

十字手

甲乙双方同时撤左脚，放于右脚前，右脚从身体后方向前迈一大步。双手为掌，手背相对，从体前缓慢上抬至头部自然下落，再成立掌相交于胸腹之前。

甲方进攻，左脚蹬地发力成右弓步，将双手相叠于胸腹前，用力向前推出，目视乙方。

乙方防守，身体下蹲成横裆步，双手相叠于胸腹前，以同样姿势格挡甲方进攻，目视甲方（图4-115）。

图 4-115

马步右冲拳

乙方进攻,双手由掌变拳,右脚前迈一小步,左脚紧跟一小步,左拳收于腰间,右拳向身体右侧做冲拳,头部右摆,目视冲拳方向。

甲方防守,右脚向后撤一小步,左脚紧跟撤一小步,双手变拳,左拳收回腰间,右臂横于体前,用小臂下压进行格挡(图 4-116)。

乙方进攻,再向身体右侧进一步,收右拳后,再次右冲拳。

甲方防守,再后撤一步,左拳收回腰间,右臂再次下按格挡。

图 4-116

撞肘

乙方进攻,右脚前迈一小步,左脚蹬地发力,将左腿蹬直,成右弓步,左拳变掌,扶于右肘,右臂立于体前,随重心前移,用力前顶。

甲方防守,右脚后撤一小步,身体微向右拧转,左拳变掌,扶于右肘,右臂抬起,格挡对方右臂进攻(图4-117)。

图 4-117

擒拿

乙方进攻,收右臂变右冲拳,左手扶于右手手腕之上,目视甲方。甲方双拳变掌,双手扣住乙方右拳用力后拉(图4-118)。

图 4-118

左弹腿

乙方放于右手手腕上的左手顺右臂向前推，挣脱甲方擒拿。顺势将双手变拳收回腰间，重心前移，左脚蹬地提膝，将左腿向前踢出，进攻甲方。

甲方顺势后撤一步，双脚距离与肩同宽，双手为掌，用力下按乙方脚背，进行防守（图4-119）。

图 4-119

侧虚步劈掌

甲方进攻，左掌变拳，收回腰间，右脚前迈一步，成右马步。右拳向前下方冲拳，攻击乙方小腿处，目视进攻方向。

乙方防守，左腿踢完后，身体向右后方转180°，落左脚，背向对方，右手为掌，向后方劈出，格挡对方进攻，左手为拳收于腰间，头部向右侧摆动，目视格挡方向（图4-120）。

图 4-120

马步冲拳

甲方向前上步转 180°，左脚由身体右后侧向前迈一步。乙方右转 180°，右脚向右后方迈一步。乙方右手为拳，收于腰间，左手出拳，甲方左手下压格挡，成马步，右拳收回腰间（图 4-121）。

图 4-121

马步劈掌

甲乙双方同时撤左脚于右脚前，左脚落地后，右脚前迈一步，身体同时左转 180°，身体下蹲成马步。左拳同时收回腰间，右手为掌，同时劈向右小腿前方（图 4-122）。

甲乙双方右脚同时后撤一步放于左脚旁，右脚落地后，左脚前迈一步，身体向右旋转 180°，双手变掌，在体前交叉翻转，右掌变拳，收于腰间，左掌沿身体左侧向左下方劈出至左小腿处，头部左摆，目视进攻方向。

图 4-122

格挡

甲乙双方同时起身，马步变为横裆步。右拳位于腰间不变，左臂横于体前，同时向前撞击（图 4-123）。

甲乙双方同时撤左脚于右脚旁，落地后右脚前迈一步，身体左转180°，身体下蹲成横裆步。甲方左手为拳，放于腰间，右臂横于体前，向前撞击。乙方左手为拳，放于腰间，右臂横于体前，向前撞击。

图 4-123

仆步劈掌、撞肘

甲乙双方同时撤右脚于左脚旁,落地后左脚前迈一步,身体右转180°,双手为掌,在体前交叉翻转,右手变拳,收于腰间。重心放在右腿上,身体下蹲成左仆步,左手为掌,沿身体左侧向斜下方劈出至小腿处。

甲乙双方同时起身,右脚蹬地发力,重心由右腿转向左腿,成左弓步。左掌变拳,收于腰间,随身体向左拧转,右肘横于体前,向前撞出(图4-124)。

图 4-124

甲乙双方同时撤左脚于右脚旁,落地后右脚前迈一步,身体左转180°,双手为掌,在体前交叉翻转,左手变拳,收于腰间。重心放在左腿上,身体下蹲成右仆步,右手为掌,沿身体右侧向斜下方劈出至小腿处。

甲乙双方同时起身,左脚蹬地发力,重心由左腿转向右腿,成右弓步。右掌变拳,收于腰间,随身体向右拧转,左肘横于体前,向前撞出(图4-125)。

图 4-125

马步左冲拳

乙方进攻，身体右转，左脚由身体后方向前迈一步，身体下蹲成马步，右拳收于腰间，左拳随身体右转，向身体左侧冲出，攻击对方腹部，头部左摆，目视进攻方向。

甲方防守，身体右转，右脚撤一步，放于左脚旁，右手变拳，收于腰间，左臂横于体前，下按格挡（图4-126）。

图 4-126

马步劈掌

甲方进攻，身体左转，右脚前迈一步，身体下蹲成马步，左手为拳，收于腰间，右拳沿身体右侧向前下方劈出，劈至右小腿处，头部右摆，目视进攻方向。

乙方防守，身体左转，左脚后撤一步，身体下蹲成马步。左手为拳，收于腰间，右手变掌，沿身体右侧向前下方劈出，劈至右小腿处，头部右摆，目视防守方向（图4-127）。

图 4-127

马步左冲拳

乙方进攻，身体右转，左脚由身体后方向前迈一步，身体下蹲成马步，右掌变拳，收于腰间，左拳随身体右转，向身体左侧冲出，攻击对方腹部，头部左摆，目视进攻方向。

甲方防守，身体右转，右脚后撤一步，放于左脚旁，右拳收于腰间，左臂横于体前，下按格挡（图4-128）。

图 4-128

地扫帚、犀牛望月

乙方双手变掌,重心下降,双手扶地于体前,身体右转,重心位于左脚,右腿向后方扫出,完成后扫腿,后扫180°。

甲方双脚蹬地跳起,左右脚依次跨过后扫腿。

甲乙双方落地后,位置互换,以右脚立定,左脚在前成右横裆步,右手握成拳,与太阳穴平齐。右肘与拳、眉平行。左臂横挡在胸前,左手变掌,翻掌护在右腋下,双目平视左前方,呈犀牛望月(图4-129)。

图 4-129

荡拳、弹腿

乙方进攻,右脚前迈,落地成右弓步,将右臂从身体右侧由下向上荡出,右手为拳,左手扶于右肘处。

甲方防守,撤左脚放于右脚旁,双手拉住乙方手腕,用力回拉。

乙方进攻,左掌顺右臂将甲方双手推开,双手旋转收回腰间,掌心向上。重心前移,左脚蹬地提膝,向前踢出,目视进攻方向。

甲方防守,左脚从右脚旁再后撤一步,双手相叠于体前不动,再次下按,按至乙方左小腿处(图4-130)。

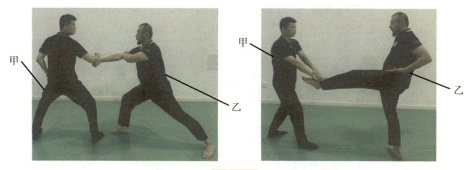

图 4-130

双冲拳、格挡撞肘

乙方进攻，左脚踢完，自然下落，身体前倾，双掌变拳，同时向前旋转冲出，拳心向下，目视进攻方向。

甲方防守，将双臂立于体前，双手为掌，待乙方双冲拳时，将双手插于乙方双拳手腕之间，同时向外翻转外拨，破坏乙方进攻。

甲乙双方同时向自身左前方前进一步，身体左转 90°。左拳收于腰间，右手为掌，右臂抬起，护于头部右侧，身体向右侧拧转，双方右臂完成撞肘（图 4-131）。

图 4-131

收势

甲乙双方同时向右前方上左脚，随后身体向后转动 180°，右脚落于后方，双方交换位置，身体下蹲成虚步。双手为掌，左臂在前、右臂在后伸直，左掌高于右掌，收左脚时身体转正，左臂由上向下、右臂由下，向上交叉于胸前,身体下蹲,双掌在胸前翻转,成左掌外、右掌内,目视前方,成喜鹊登梅(图4-132)。

图4-132

第五章 吕家军拳基本功法

武术功法是武术各运动形式的根基和基础，是习武之人必修的基本功，也是历代武术家实践经验的总结。

第一节 石锁功

石锁始于唐代军营，盛于清代道光年间，因其材质为石质，形状类似古代门或橱上的挂锁的形状，故被称为石锁。它曾是古代习武者必备的武术功力训练器械和武科举弓、刀、石、马的考试科目之一。唐朝武科举除步射、马枪外，对举重也有规定，如负重行走二十步等，士兵常用石锁、石担等进行练习，可见其对力量增长、下肢稳定、身体协调有较大作用，所以石锁深受习武者与士兵们爱戴，逐渐成为一种武术功法练习形式。

石锁功

足挑手接

（1）两脚并步，直立于石锁前，两臂垂于体侧，自然呼吸。

（2）左脚上前一步，右脚插入石锁簧孔，目视石锁。

（3）左脚向前半步，右脚准备挑起。

（4）右脚用力向上挑起石锁。

（5）右脚前落，右手抓住簧把，屈臂举于右肩前上侧（图5-1）。

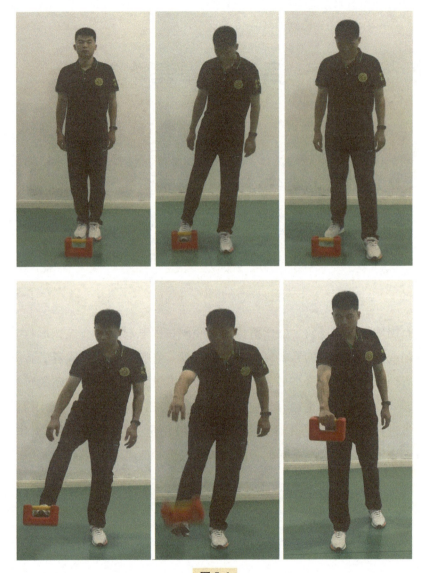

图 5-1

提石锁

（1）右手随石锁自然坠落，两腿屈膝成马步，石锁下落有很大力度，要抓紧簧把，使石锁落于裆前下方（图5-2）。

（2）稍停，手心向下握抓石锁簧把，右臂用力将石锁提至与肩平。

图 5-2

悬提

手心向内抓握,右臂外摆,竖肘侧身(图 5-3)。

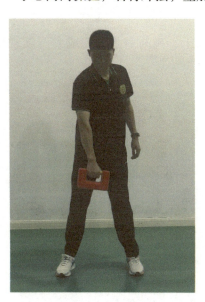

图 5-3

拿抓

（1）接上势，石锁从右侧向后环绕。

（2）再向右前侧摆动。

（3）将石锁向前直臂推出，虎口向上，高与肩平，完成拿石锁动作（图5-4）。

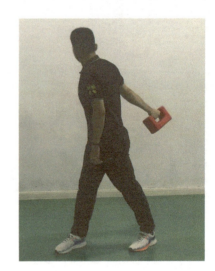

图 5-4

旋摆

（1）将石锁从下向上提拿至眼前，用四指拨动向内旋转一两圈，右手抓住簧把。内旋要直且稳，抓把要快，手要敏捷。

（2）石锁稍下沉，再提至与眼平齐，用腕力向外旋摆（图 5-5）。

（3）完成内旋外摆。可换左手做。

图 5-5

插掌

（1）左手准备向上抛。

（2）右手成平掌认准簧孔迅速插入（图 5-6）。

（3）马步蹲身，卸去下坠力，完成右掌插势。

（4）右掌向上抖抛石锁，在空中左手成平掌插入簧孔。

（5）随石锁下坠，弓步、蹲身完成左插势。

图 5-6

侧展

（1）左臂向上拉起，将石锁提至胸前。

（2）向左侧展臂，高与肩平（图5-7）。

图5-7

翻滚撂石锁

（1）左手放下石锁，换成右手提石锁，敛神凝气，准备撂起。

（2）撂起石锁，使石锁空中翻筋斗。

（3）在石锁下落过程中，再用右手抓拿石锁（图5-8）。

图 5-8

平滚

　　站马步，提石锁，用腕力将石锁向上、向前、向内平滚一周后抓握（图 5-9）。

图 5-9

直抛

使石锁侧立,簧把向内,垂直上下直抛石锁并接抓(图 5-10)。

图 5-10

拳顶

（1）右手向上直抛石锁。

（2）当石锁落下时用右手拳面顶接；拳面顶住后，要随石锁下坠力做蹲身动作，竖肘，使石锁平衡（图 5-11）。

（3）然后换左手做拳顶。

图 5-11

托接

（1）右手上抛石锁，右臂屈肘准备用肘面托接石锁。

（2）右肘接住后，肩肘用力持平，蹲成马步（图 5-12）。

（3）右手或右肘向上弹起石锁，左臂屈肘完成托接。

图 5-12

缠头穿腿

（1）右手执石锁向前、向左摆动。

（2）继续向上、向后摆做缠头动作。

（3）石锁过右肩侧，旋腕，虎口向上，使石锁向身前准备穿腿。

（4）抬右腿，使石锁从右腿下向前穿过，左手接住石锁（图 5-13）。

图 5-13

裹脑盘腰

（1）左手接抓石锁，向左、向后摆动。

（2）过头部，再向右侧肩外环绕。

（3）从前向后，石锁稍停于左腰侧，再用力从背后向右侧掷出。

（4）右手在右侧接拿，完成左势盘腰（图 5-14）。

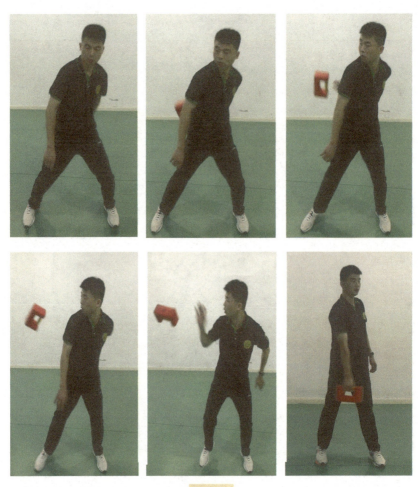

图 5-14

抡云

（1）右手执石锁在面前向左上环绕。

（2）当石锁绕至右方时转身，右脚后退一步；同时，石锁继续向上、向右环绕。

（3）从右前向下、向左抡转。

（4）边抡边向后倒退几步，继续向下、向前环绕。

（5）当石锁向面前沉降时，右脚向左脚侧并步、震脚，同时，石锁从前下向头上拉起。

（6）直立上举，完成抡云动作（图5-15）。

图 5-15

斜甩

（1）右手控制石锁，使之缓缓沉降在右腰侧。

（2）然后用力向左肩外甩抛。

（3）左手抓拿簧把，完成右斜甩势（图5-16）。

（4）左手接石锁后上举，而后缓缓沉降。

（5）落在左腰侧，过背后向右肩外甩抛。

（6）右手在前方抓接。

图 5-16

斜披

（1）使石锁向身前沉降。

（2）腕臂内旋，向前下运动。

（3）经腹前向左腋下勾转，右脚向左靠拢侧身，抬左臂。

（4）右手执石锁过左腋向背后探伸，用腕力配合惯性向右肩外撩掷；脱手后，右手速回至右肩外侧，左手及时在右前方接抓，完成斜披（图5-17）。

图 5-17

独立侧举

（1）右臂在身前将石锁平旋一周做腕花，左手接住石锁后交换至右手，右手拿起石锁，然后向上举起，右腿独立（图 5-18）。

（2）完成十八势后，放下石锁，立正还原。

图 5-18

第二节 内壮功

内壮功是导引内气的练功方法，久练可使内脏坚实，肌肉强壮，力气增大。

梅花拳内壮功

预备势

双脚开立，与肩同宽，脚尖内扣，足弓拱起，十趾抓地，两臂自然下垂于体侧，眼平视前方，呼吸细长，松肩含胸，凝神静气头上顶，下颌微收。

提

承上式，双手手心向上，从体侧屈肘，指尖相对，五指微微散开，由下向上缓缓上托至胸部，同时吸气，目视前方。

顶抓

承上式，沉肩肘，双掌下翻，掌心向下、向前伸出，劲达指端。上动不停，双掌分指抓握，抓握时要一节一节卷握。

双臂端开

两手握翻，行至胸下方再向上端起，至与胸平齐后，向肩头下扣，两肘外展，再将手掌向前推出，直到两臂成定势。

伸臂

承上式，两臂向左右两侧打开，与肩平，十指尖朝上，掌心向外，掌心微外翻。

砸肋

承上式，双掌成拳收回，双臂弯曲夹紧，两肘部一齐用力砸自己左右肋部。

以上四式要练习四次。

揭背

承上式，重心前移，身体前俯，腰背平直，双手向身后插击。

捞沙

双臂交叉向下，手心朝上，手指分开，往回带臂，分开再合，如一齐用力双手捞沙泥般。

托天

两臂由体前直臂上举，掌心朝上，双手向上托至头顶上方。

下劈

双掌由头前向左右分开，掌心向下，缓缓下劈至与肩平齐，沉肩。

砸肋

承上式，双掌成拳收回，双臂弯曲夹紧，两肘部一齐用力砸自己左右肋部。

击腹

承上式，双掌环抱于胸前，掌心向内，然后猛力砸向腹部，同时，鼻用力向外喷气，短促有力。

收势

双手上举至头顶，再向两侧劈击，然后向身后插击，脚跟离地，迅速向下震脚，同时鼻用力向外喷气。一共做三次。

静立片刻再活动。整个过程中保持绷劲不散，切忌用拙力。初练时呼吸自然，熟练后配合呼吸，上吸下呼，发力呼气，收回吸气。一天行功三次，勿断续，持之以恒，不久即有功效。

少林易筋内壮功

少林易筋经为少林寺经典功法，相传为达摩大师所创。所谓"易筋"，就是改变劲力之方法。没有筋就没有劲力。如果想人为地变弱为强、变柔为刚、变病为康，就得借助于"易筋"之力。易筋经分为两种：当前社会上流传的少林易筋十二式属外壮功，而摩腹功、凝神气穴等属内壮功。内壮功流传范围不广，功效却较明显。内壮功若能练成，不仅能使练习者脱胎换骨，转弱为壮，而且能敛气入骨，练就金刚之躯，真可谓受益无穷。内壮功中摩腹功为主体功法，凝神气穴为辅助功法。为了使读者能学到强身健体的功法，本节将介绍摩腹功。

摩腹功

初月行功

练者仰躺于床，衣着宽松，两手放松，自然置于身体两侧。入静，双目神光内敛，耳不旁闻，调匀鼻息。右手按在心下脐上的正中部位，由右向左徐徐推揉，揉力均匀，不轻不重（即勿使皮肉游移为宜）。推揉的时候，行功之人须冥心内视，守中存想，意念集中，这样精、气、神就能全部贯注、积累于手掌之下。如果推揉之时杂念纷纭，精神分散，那么行功就收效甚微。

二月行功

行揉功约一个月，内气已逐渐凝聚起来，可以感觉到气海宽大，腹部两旁的筋皆隆起，各有寸余宽。若运气鼓之，硬如木板。这时，在以前所揉一掌的两旁各开一掌，仍如前法揉之。两肋之间以及由心到腹部，各处下陷的地方，是因为膜的缘故，膜与筋不同，深藏于皮肉之下，推揉不到，必须用木杵捣之，日久则膜体腾起，浮至皮下，与筋气同坚，没有丝毫软陷，方为得法。

三月行功

功满两个月时，腹部陷处渐起，就用木槌轻轻敲打，两旁各开一掌处则用木杵轻轻捣之。再于两旁至两肋处各开一掌，如法揉之。

木槌、木杵的制作：均须用文楠、紫檀、白檀之类的坚硬木料为材料。木杵的头部要做得尖而微圆，木槌的头部要做得圆而微长，中间部分均应略向外鼓。

四月行功

行功至三个月，中间所揉的三掌都用槌打，外边的两掌先用杵捣，后用槌打。行功过百日，则腹部已气满筋坚，膜皆腾起。

五月至八月行功

行功满一百二十日，心下两旁至肋梢，因掌揉、槌打、杵捣，膜皆腾起。此时乃是内壮与外壮的分界处，千万谨慎。如果此时不将内气向外引，所积之真气则行至骨中，因为真气是按照杵槌捣打的路线而行的，所以应当从心口上至颈，又从右肋梢上至胸，再从左肋梢上至肩部。这些部位都是先用掌揉，再用杵捣，最后用槌打。周而复始，不可逆行。如此再行百日，则气满前胸，任脉充盈了。

九月至十二月行功

行功至二百四十日左右，前胸气充，任脉已足，此时应将真气运入脊背以充督脉。行功的顺序：先前之气已上肩头。现在自右肩开始，从颈侧上至玉枕，又从左肩由颈侧上至玉枕，再从玉枕向下至夹脊，下至尾闾。行功方法如前：先揉，后捣，再打。周而复始，不可逆行。脊旁柔软的地方先以掌揉，再密密捣打，最后再用掌揉，令其圆润。如此再百日，则脊后也充实了。此时任、督两脉已通，周身气血充盈，举手投足均感力量十分充沛，有用之不竭之感，功即告成。

注意事项：

① 每天早晚各练一次，前期每次 40~60 分钟，练功时间渐增，注意勿间断，一年后功成。② 练前排空大小便，饭后一小时内不宜练功。③ 练功期间须适当增加营养。④ 练本功时不能穿厚衣，以免影响功效。

第三节 桩 功

桩功是我国古代的一种养生术，它是一种保持静战姿势，锻炼气息、修养意念和增强力量的方法。通过桩功练习，可培养力劲，从而获得内壮外勇、内外合一、激发人体潜能的效果。

无极门十八罗汉功

双手捧爹坠沉肩

此式为马步。胸挺膝开，勾腮拔顶，舌顶上腭，双目平视；五指要爹，但不能翚双肘，双手要与肩平。全身放松，顺式呼吸，目的是增长气力。

推臂望月看青天

此式头要顶，项要挺，双掌要空。功力在于腰，气下沉，腹实胸宽，为铁板桥式。从顺式呼吸到逆式呼吸，强腰助肾。

乌龙扎地运身行

此式膝如盘柱，双手手指好似钢针。不要憋气，随着身体的前后运行，将气贯于全身，终贯于手指。可练到二指禅，并逐步练到一指金针。

双推日月头顶天

此式为弓步,但是要绕步。双臂要平,双腕略拧,后手决不能低于肩,身体必须要松,如二郎担山。顺式呼吸。主要练双臂的力量,为左右式。

夜叉探海迎风站

此式为马步。双手要与首齐,眼下视,全身要平,肩要松,手心要空,足心要悬,练全身的功力,通九宫之气。顺式呼吸,放松不僵,劲气通全身。

伏山按虎走正力

此式为虚步,身体重心前三后七。上手背朝天,下手背指地,五指要夛,掌心要空。顺式呼吸。此式可调和阴阳之气。

单手托天掌按地

此式为弓步。上手上托,下手下按,双手腕都要撑起,脚趾扎地,起到壮骨之能。顺式呼吸。

双手抱住千金鼎

此式为马步。手背上托,手心向下,双臂和身体在一个平面内,松肩,忌手臂前倾。顺式呼吸。此式可理三焦、通胃气。

乌牛耕地双手推

此式为虚步,脚尖上翻。双手如雄鹰展翅,头微抬,身体不要太低,否则呼吸不顺。吸气,尾骨上翻,可增强臂和腿的功力。

白鹤亮翅单腿站

此式为单腿独立式,双手上托,亦称金鸡独立。单腿立一脚,要五趾抓地,一腿要屈提扣裆,双手擎天向上撑。顺式呼吸,清气养神。主要练单腿站立的功夫。

下叉塌式铺地锦

此式为单叉下式。双手倾斜伸直,头要侧向看,下手手指要夛,腰要挺,将气贯于双手。顺式呼吸,呼吸时海底穴部位要一收一放。

回背望月向前看

此式为弓步顺式。手为蛇形手,后手在腰际,颈要顶,含胸,两手要有自然撑力,后手的肩微向里含。顺式呼吸,气沉丹田,贯于四肢。

双手拢腰圈里站

此式为马步蛇形手。双手食指指于胯,肩、肘、腕要圆,意念上是外捞力,肩要松,否则气会上返。气通于四肢,贯于食指。顺式呼吸,气沉丹田。

闭抱诀双指指地

此式看似虚步,但前脚要平踏地面。上手手背向上像挂瓜,下手双指指地,身体要正,颈要直。顺式呼吸,气贯四肢。

单腿蹬起双指吊

此式为练单腿力的功夫。一腿单立,一腿平蹬;双手食指向前上方伸出,手臂微屈。含胸,顺式呼吸,站不稳,则气不顺。这是练全身的功夫,通肝气。

双手指天腿弓撑

此式为弓步蛇形手。双手食指冲天,为双蛇吐信双指献;吸气到丹田,腹式呼吸。可强筋骨、固元阳、延年益寿。

回身换式单天掌

此式为横裆式。单掌冲天要高,松肩,含胸,臂微屈,否则气贯不到手;项要横,眼要看冲天掌的手背。顺式呼吸。

摇山晃海看青天

此式难度大,摇山晃海肩膝靠,项要翻拧看青天,腰要拧成平式,才为真功夫。气要吸到丹田,再慢慢呼出。如果没有练好站桩的功力,就做不好此式的呼吸法。可练全身关节。

【注意要领】

1. 要将吸进腹腔的余气（阴气）从鼻子用擤力擤出（亦称擤气）。

2. 擤气的同时，脚跟要提起，用力踏地3次，这样更利于把全身瘀气排出，避免久瘀成疾。

第六章 吕家军拳的文化特征

第一节 文化独特性

因吕家军长期征战，吕家军拳具有与其他拳种截然不同的风格。根据吕家军拳传承人吕福成描述，吕家军拳用于吕家军练兵并在战场上使用，可以很好地提升吕家军的战斗力。同时因为吕家军主要在两淮、荆襄、川蜀等诸多南方战线上，受到南方地域文化的影响，使吕家军拳具备行云流水之势的流畅与灵动等特点。历经多年传承，如今在看到吕家军拳传承人的表演时，能很明显地感受到吕家军拳在拳脚的整体风格上均体现着吕家军士兵当年上阵杀敌的勇猛和凶横，而在一招一式上同时具备南方的流畅，它将截然相反的两种文化风格特点巧妙地结合起来。尽管当下吕家军拳早已不再用于战场，但是其凌厉的技击风格和舒畅的招式，使其在当代武术中具备独特的气质。也正是因为吕家军拳独特的"出身"，使其本身具备十分明显的军队文化和地域文化特色。

军队文化

吕家军拳由南宋著名将领吕文德所创。吕文德出道时，金国陷落，此时的吕文德为南宋名将赵葵手下的一个无名小卒，跟随赵葵长期与蒙古国军队对抗。因吕文德智勇双全，军中威望颇高，在此期间，吕文德创编了吕家军拳。吕家军拳的拳风少了华丽的架势，更多的是朴实高效。又因不断地经历战争的洗礼，吕家军拳逐渐变得如具有军队文化那般的威严磅礴，极具特色。

地域文化

吕家军拳起源于南宋，南宋位于淮水以南，位于现在中国南方地区，南方水域众多、气候炎热、空气湿度大等诸多地域因素深刻影响着吕家军拳。地理环境虽然不能决定文化的发展方向，却是形成文化特征的主要影响因素，吕家军拳所彰显的招式之间流畅的衔接所体现的水文化特性，便是以柔克刚的哲学内涵。其姿态虽柔弱，却能有效克敌制胜。水孕育的文化具有惬意、洒脱、自由的精神，吕家军拳的文化内涵彰显了顺势而为、随圆随方、不受羁绊的特征。南方人擅拳，素有"南拳北腿"之说，从地形特征来看，再由于沟渠纵横，地面区域相对较小，蹿蹦跳跃，闪展腾挪，起伏转折和跌扑翻滚易受限制①。并且在吕家军的士兵组成中，农民出身居多，在繁重的务农经历的影响下，士兵的上肢更加强壮有力，并且下肢因为南方潮湿泥泞不平的土地而更加的稳重，使吕家军拳平稳流畅，也使其文化具备顺势而为的地域特色。可以说，水乡环境孕育了独特的吕家军拳文化。

---

① 林之光. 气象新事［M］. 北京：科学普及出版社，2009：207.

第二节　文化交融性

　　与吕家军拳同地区的还有金坛区东浦村丝弦锣鼓，它始传于清嘉庆年间，历经时代创伤、兴衰起伏，距今已有 200 多年历史，相传是以天降佳人王昭君为素材而创作的民间音乐，共有十六曲和十六番锣鼓。主要曲调为：头调、二调、三调、进花园、出花园、前昭军、中昭君、后昭君等，曲调安排跌宕起伏，深情优美，旋律优雅。丝弦乐器有二胡、京胡、四胡、三弦、琵琶、月琴等，所用之弦皆用蚕丝制作而成，加上笛、箫、笙合称"丝竹之音"，故名丝弦锣鼓。丝弦锣鼓"采苏杭之丝，截洞庭秀竹，变吴越佳音，集弦索精粹，江南有丝竹者也。"[1] 丝弦锣鼓极具江南柔和舒心特色，这种特色与吕家军拳的拳风和文化特色形成绝好的呼应。

　　在当下吕家军拳的表演中，都要求有配乐，配乐与套路的搭配还影响最终表演效果。弄清楚音乐元素在武术表演中起到的作用，分析什么样的音乐才可以更好地发挥这种作用，进而才能更好地选择与武术套路相适宜的配乐，来增强最终呈现在观众眼前的武术表演的艺术性。而丝弦锣鼓的出现就很好地弥补了吕家军拳武术套路表演时在音乐上的缺失，丝弦锣鼓跌宕起伏的曲调，对应吕家军拳中拳法动静、快慢、舒紧结合的风格。从视觉、听觉的刺激，引起观众对吕家军拳表演的内心感触，大大加强了吕家军拳的表演性和可观赏性，同时对于吕家军拳的传播具有重要意义。

---

[1]　齐琨. 江南丝竹 [M]. 北京：文化艺术出版社，2012：15.

第三节　文化民族性

　　武术是民族文化的一个组成部分，民族地域条件和生存习惯都会影响其形式和内容，使之逐渐符合本民族的意识观念和文化特征。在社会交往中，人们的语言、行动都表现出了本民族的道德规范和思想意识水平。武术作为民族文化的一种表现形式，也随着民族特定的生活条件表现出不同的风格特点。

　　吕家军拳文化就是以征战和保卫国家的信念为指导，以攻防格斗的人体动作为核心的人体文化。吕家军拳文化是起自南宋的传统文化的产物，是南宋及之后历朝历代的文化交融在武术运动中的集中反映，有其独特的理论内涵和行为特征，有自己不同的技击特点和攻防规律，这些运动特点都与民族生活习惯和应用场景有着直接的联系。

　　吕家军拳文化的涵盖面很广，包括吕家军拳的指导思想、力学原理、行为美感、套路经略、服装器械等，把这些中华民族传统的文化思想反映得既集中又深刻、既本质又表象，不仅具有中国传统文化共性的反映，还具有武术本身独特的个性内涵。

　　吕家军拳文化不仅具备体育文化的一般特征和本质属性，而且因为其是为了保卫国家并为国家奉献而创立的，所以它具备独具一格的民族特色，带有浓烈的民族文化气息。它以物化在生命体上的拳脚攻防动作程式和物化为动作程式的符号记录。这些符号是流动的、有机的表达方式，可得到直接的回应，产生长远的效应，通过这些符号的传播，进行纵向和横向的辐射，进而开发和利用自然力，以满足自身的生存与发展，这就是吕家军拳的特征，也是武术文化的实质。吕文德为了国家而战，不断地谋求生存和发展，防身自卫，与敌方进行抗争，在不断地反思总结中逐渐形成了吕家军拳。随着社会的发展，人们凭着丰富的生活体验和玄想，建立起对天文地理、人事社会具有极大包容性的"太极、阴阳五行学说"，如人与自然为一体，人是一个统一的整体，人的元气理论及经络学说，等等。而在吕家军拳理论中极为重视人体精、气、神的修炼和相互依存的关系，坚持内外兼修的练功原则。吕家军拳从保卫国家到强身健体，从修身养性到医疗保健，无一不渗透着浓重的中国传统文化色彩，表现出鲜明的民族特色。

第七章 吕家军拳的现实价值

第一节 军事价值

在南宋时期,吕文德创立吕家军拳的初衷就是增强"黑炭团"的作战能力。"黑炭团"不负所望,在吕文德统帅期间,训练严格,战斗能力突飞猛进,打破了混乱厮杀的作战理念,形成了作战有序、个人战斗能力强的吕氏军事集团,多次抵御蒙古国军队的进攻,破坏了蒙古国歼灭南宋的妄想,这是其军事价值最直接的体现。

武术源自中国古代战争,在中国几千年以冷兵器为主要作战装备的时代里,武术是主要的军事训练科目,具有强大的军事实用价值。在军事武器高度发达的今天,虽然通过武艺进行作战的方式已被取代,但在军队的日常训练中还是具备强化军事体能、提高作战能力、锤炼军队精神的价值。而吕家军拳作为古代的军体拳,本就应用于军队训练,与战争密切相关,适用于大规模人员进行训练,且贴近实战,对古、对今其军事价值都是不言而喻的。

强化军事体能

军事体能是军事素质的重要组成部分，是保障军人身心健康、生活生存、完成军事任务所必须具备的基础性生物学能力，包括完成军事任务所需的由一系列的力量、耐力、速度、柔韧、灵敏等构成的运动能力及脑力、心力。军事体能不同于一般体能，军事体能是在一般体能的基础上进行强化提高，达到一种非常态化的体能标准。这需要在训练过程中选择针对性强的训练内容，才能达到军事体能训练的要求。武术训练在中国冷兵器时期是最好的身体训练内容。吕家军拳的训练内容在激发人体的潜力并获得超越常人的体能方面具有优良的促进作用，它可以使练习者在军事战斗中或格斗中拥有更大的优势。在对新兵进行项目考核过程中发现，新兵考核不合格或考核成绩不理想的主要原因就是力量不足、柔韧性差、协调性差，通过吕家军拳的训练，可以逐步提高身体力量、协调性、柔韧性及大脑支配肢体的能力。在训练吕家军拳过程中，要求发力发声喊杀，这种训练可以很好地提高士兵的心肺功能，同时喊杀声还可以激发官兵的斗志。吕家军拳的训练本身是全面身体训练，包括力量练习、柔韧练习、灵敏练习、耐力练习、速度练习、反应能力练习。由此可知，练习吕家军拳对于士兵身体素质的提升是全方位的。

提高作战能力

在格斗技巧方面，作战能力是一名军人综合素质的表现。由战争的历史经验可知，能不能打胜仗不仅仅需要个人的勇猛顽强，更需要集体团队的厮杀和协同。吕家军拳创立之初就是为了更好地上阵杀敌，一拳一腿的目的都是给对方造成伤害。通过吕家军拳的练习，能够更好地培养士兵的近身格斗能力，同时充分提升格斗技巧的实用性。吕家军拳本身就是一种杀人格斗的技能，它训练的主要目的就是训练人的近身格斗能力，在执行特殊任务时，如夜战、近身战、弹药耗尽、行动保密不能用枪时，近身格斗是杀敌制胜的重要手段。这时候拥有强大且实用的拳法就显得十分重要。在培养战斗精神方面，吕家军拳有单人单式训练、单人套路训练、一人对一人的格斗对抗训练、一人对多人的车轮耐力训练、一人对多人的格斗反应训练，受训者通过这些训练，可培养顽强勇敢、不惧强敌、敢打善战的战斗精神。在培养团队合作方面，吕家军拳的对练是两人的对抗与配合训练，在对抗与配合的过程中能够使受训者养成相互配合的默契，让受训者信任战友，形成团队精神。而团队精神也是军人优秀心理素质的重要组成部分，良好且默契的团队精神可以使一个集体充满活力，富有创造力和战斗力，是顺利完成各种复杂任务的有力保证。在培养作战意识方面，吕家军拳与吴图南在《国术概论》中提到的"只有自己立于不败之地，才能寻找机会打倒对手"有异曲同工之妙，其中有大量的攻防转换，攻中带防，防中有攻，在保护自己的同时重创对手。换作在军队中其也可被称为战术意图，在战斗中则称为作战意识。"止则为营，行则为阵"，只有这样，才能使军队在任何时候都不会失去控制。要想做到"止则为营，行则为阵"，就要士兵们能够在激烈的炮火中镇定自若。除进行实枪实弹综合演习外，还要进行胆气的训练，才能避免在真正的战斗中"趴窝"。在吕家军拳的训练中讲究胆气，在对练或格斗中要求不眨眼，动作松紧有度，练就"泰山崩于前而面不改色"的铁胆本色，才能在格斗中面对极强压力之际镇定自若。

锤炼军队精神

吕家军拳对精神品质的影响主要有两点：一是尚武精神，作为一名保家卫国的军人必须具有慎战、敢战、生死关头能够挺身而出的尚武精神；二是道德品质，良好的道德品质是忠于国家的基础，在此之上才能真正做到绝对忠诚、绝对纯洁、绝对可靠。

吕家军拳中的尚武并不是一味崇尚武力，而是包含积极进取、战胜强敌、征服环境、寻找自信、播扬威严等多重意义。吕家军拳的尚武精神自然也就成为体现那个时代吕家军的威望和威严的潜在标志。西安体育学院武术系主任马文国博士在谈及何为尚武精神时讲道：两千多年前，汉朝人在古都长安发出了响彻寰宇的强音，凡犯我强汉者，虽远必诛！这是一种超强的自信与无畏，面对强敌，不再隐忍，拍案而起，横刀立马，具有追杀穷寇的民族风范与自信。而在当代，尚武精神是一种身心的强大，是一种征服和超越的精神，是一种不畏艰险和自信沉着的精神。吕家军拳的外在训练与内在修炼对尚武精神的培养是一种长期的、潜移默化的过程。吕家军拳还讲究一个"忍"字，在训练过程中，忍受身体产生的肌肉酸痛和各种不适，忍受环境的严寒酷暑，忍受他人不解的异样眼光，忍受他人蛮横霸道的步步紧逼。吕家军拳的练习者正是在一个"忍"字的激励之下才拥有这种能战、慎战的自控性，而当真正的危急关头才不惧生死，为正义、为民族而战。随着社会的变迁，吕家军拳的价值功能也在不断发生变化，但不管社会如何变迁，吕家军拳的攻杀本质并没有发生变化，习武者的勇毅精神更不会削弱。吕家军拳在漫长的发展过程中受中国传统文化的滋养，使武术既带有佛家的慈悲为怀、儒家的君子之道、道家的自在无为，又带有"自强不息、厚德载物"的民族精神。习武第一要求就是"未习武，先习德"，由此可以看出吕家军拳对道德品质的苛刻要求。吕家军拳在传习过程中，师傅一般会选择品行好的人进行传授，而且在传习过程中不断对其进行思想教育，旨在培养具有正义感和使命感的传承人。

第二节 文化价值

武术"阴阳交融""形神具备""内外兼修""天人合一"等理论文化思想的起源,可以追溯到儒家、佛教和道教等哲学思想,还吸取了兵法、医学、美学等理论养分,可以说是集优秀文化于一身。拳种则是承载与发扬优秀文化的载体,同时各拳种都有着自身独特的文化个性,得以传承至今,其蕴含着每个时代的文化标志。但在历史的变迁中,具有重要价值的传统文化正在损毁,被人们遗忘。保护传统文化就是保护一个时代的"文化基因"。每个时代都有自己独特的发展历史,而传承至今的文化就是呈现历史最好的影像。吕家军拳作为传统武术,属于传统文化的一部分,承载着一段历史的内容和文化信息,具有极高的文化价值,对个人甚至整个民族都有一定的文化教育意义。

吕家军拳传承至今,历经700余年养分的吸取与沉淀,其本身已经跨越拳种,成为一种文化。对东浦村人来说,学习吕家军拳是一种教育,在学拳的同时,接受的是中华优秀传统文化的熏陶。中国众多武术流派都重视对于武德的教育,吕家军拳也不例外,认为学拳以德行为先,以涵养为本,吕家军拳对于学拳者的德行教育十分严格,如学拳时对于拜师仪式十分重视,无门无派为野拳,所教授的是"尊师重道""一日为师,终身为父"的理念,这就是吕家军拳所蕴含的文化价值。

对于一个民族来说,吕家军拳只是组成我国上下五千余年民族文化的零星一点,但它的形成及其发展却是历经千余年的民族智慧的结晶,它为我们积累下了丰富的文化与内涵。优秀的民族传统文化需要一代又一代人继续传承和创新,传统文化自信迫切需要树立。吕家军拳作为中国传承至今为数不多的军拳之一,它蕴含着中国传统文化的精髓和民族智慧,散发出浓郁的中华文化气息,所以传承和发展吕家军拳,有利于唤醒民族集体记忆、增强民族凝聚力、树立民族自信心、弘扬民族文化。吕家军拳的传承还丰富了中国武术体系内容，对我国传统文化的继承、发扬与传播贡献了力量。

第三节　健身价值

中华武术博大精深，武术的价值不仅仅在于其文化的传承，还体现在练习吕家军拳可促进练习者的身体健康和提升练习者的身体素质。人们为了追求健康，习练民间武术，以满足健身需求，即增强体质，祛病养生。科技的迅速发展、工具的进步，使人们的精神压力增大，身体运动减少，身体健康问题严重，人们意识到需要通过一种方式增加体能的输出。吕家军拳因为其健身价值得以流传至今，它也在随着历史的进程不断发展，它没有因为当今高科技的进步，而逐渐停止自身的发展。相反，受传统文化天人合一、重视生命、注重养生之道的影响，吕家军拳向健身养生方面迅速发展。

吕家军拳不仅有单人套路，还有对练套路。套路练习中包含以手形、手法为主的套路，以步法、身法为主的套路。训练还包含石锁、桩步等基本功练习，体系十分完整，锻炼效果全面。练习者不仅可以提高技击技术，还可以提高速度、力量、平衡、协调、灵敏等身体素质。如练习身法套路，可很好地提高练习者身体协调、平衡、灵敏等能力；练习基本功，可提高练习者上下肢的力量和协调能力。吕家军拳主攻下三路，动作幅度小，练习者不会因动作过大而受伤。行拳时讲究气与力有效结合，练习时呼吸与四肢运动的相互协调配合，能起到很好的锻炼效果。经长期练习，对练习者的呼吸、心血管系统有良好的影响，从而达到强身健体甚至延年益寿的目的。吕家军拳传承人吕福成之父及其姐姐均达到百岁高龄，现吕家军拳传承人虽已年逾古稀进入耄耋之年，仍精神矍铄，就是很好的证明。

吕家军拳中蕴含着中国传统养生中的呼吸吐纳，呼吸吐纳是我国传统的调气养生之法，是以吐故纳新、调整呼吸为主要形式，具有调理气息、畅通气机的效用。吕家军拳在练习时非常注重力、气、声配合，它要求吐气发力，吐气时以意领气，腹部肌肉主动地猛然收缩，气沉丹田，向外鼓荡，喉部声门微启，让气流在内外压强差中喷出。这种吐气短促有力，在吐气的同时完成打击动作，可以使人体产生巨大的力量，在打击点产生最大的打击效果。此外，吕家军拳的吐气发力，不仅会使人体产生巨大的力量，而且能使身体具有一定程度的抗击打能力。在意念的引导下，丹田气发，通达表里，胸部、腹部肌肉收缩，其他部分肌肉协同，使全身成为气与力高度集中的一个整体，起到抵抗外力击打、保护内脏与外体的良好作用。而在《素问·病机气宜保命集》中云："吹嘘呼吸，吐故纳新，熊经鸟伸，导引按跷，所以调其气也；平气定息，握固凝想，神宫内视，五脏昭彻，所以守其气也。"① 认为"吐旧气、纳新气"可以平调安定气息、把握固守、凝聚思念、调心内观脏腑等。因此，吕家军拳中的气沉丹田，动作有开有合、有虚有实，并与呼吸相配合，可以使胸部舒适、自然，腹部松沉，从而有效改善肺腑功能，增强肺活量，提高肺部功能，延缓呼吸系统的衰老；通过吸气和呼气，使肺部扩展、收缩，对其他脏腑形成有规律的内脏按摩。

  吕家军拳中大量的柔筋健骨、疏通经络、抻筋拔骨等类似动作，即传统武术中修炼筋骨的方法。拳谚云："肌肤骨节，处处开张。"又云："内练一口气，外练筋骨皮。"这两句谚语皆指修炼筋骨的重要性。吕家军拳中"抻筋拔骨"类型的动作，可以使人的上下肢体与躯干的大小肌肉、骨骼、筋膜、肌腱、韧带等组织在抻筋拔骨运动中形成自然的外展内蓄和牵拉抻拔的张力，这样不仅能提高肌肉、肌腱、韧带等组织的柔韧性、灵活性，强化其骨骼、关节的活动功能，而且能有效促进身体软组织的气血循环，改善软组织的营养代谢过程，以达到疏通经络的目的。

---

① 卞镝. 中医养生学图表解 [M]. 沈阳：辽宁科学技术出版社，2015：25.

第四节 娱乐价值

吕家军拳的娱乐价值是指主体即人的娱乐需求,通过娱乐客体即武术得到满足,是主客体之间以娱乐为纽带的一种利益关系。随着社会的发展,竞技武术追求高、难、美、新,吕家军拳也不例外。一方面,吕家军拳的练习者在演练时所创设的战斗意境美可以满足人们的审美需求;另一方面,人们在观赏吕家军拳武术表演时通过对吕家军拳形式美的把握,可以充分调动自己的生活经验和审美情趣,体验武术的本色美,从而获得一种愉悦身心的审美感应,进而满足人们的精神需求。吕家军拳的观赏价值体现在人们通过参加或观赏拳法中的和谐美和技击美后所获得的身心愉悦方面。吕家军拳内容丰富,适合不同性别、年龄、阶层的人练习,同时练习不受时间、地点、气候和场地的影响,因而更容易被广大人民群众所喜爱,所以需要尽快推广吕家军拳,使其更好地传承下去。

吕家军拳的和谐美

吕家军拳的和谐美体现在"韵"上,即吕家军拳武术套路运动中节奏的变化。具体体现在以形喻势十二形上:动如涛,静如岳;起如猿,落如鹊;立如鸡,站如松;转如轮,折如弓;轻如叶,重如铁;快如风,缓如鹰。节奏的变化不是一成不变的,要根据具体的动作而定,"重"接下来不一定就是"轻","快"后面也不一定都是"缓"。比如抡臂砸拳接并步推掌,接上步正踢腿,接叉步翻腰,就是重、快、快、转的连接。经过节奏的变化,各种动作衔接在一起,体现出和谐美。一连串快速连贯的动作之后突然变为一个干净利落的定势,体现出快如风和缓如鹰的动静变化,形成和谐的韵律。在吕家军拳的武术套路演练的动态变化过程中,动时犹如滔滔江水连绵不绝，能使人为之振奋，缓时似春风拂面和风细雨，犹如大自然那如画如诗般令人陶醉的风光。动静、起落、立站、转折、轻重、快缓这些矛盾在武术套路中体现得越充分，动态的美也就越吸引人。

  吕家军拳的和谐美还体现在形神兼备上，通过外在形体与内在神韵的统一，体现出武术套路的和谐美。比如吕家军拳中"将军捧印"的沉着稳重、"喜鹊登梅"的轻灵柔和、"马步冲拳"的豪放粗犷等，只有通过演练者形体与神态的生动传达，观赏者才会产生美的感受。同时由于不同表演者的技术水平、个人素质、个性，以及对套路的理解不同，即便是同一套路，不同演练者所表现出来的神韵也不一样。因此，在外练筋骨皮的同时，演练者要根据自身条件，充分发挥出自身优势，不仅要做到形与神的完美和谐，而且要表现出不同套路的风格特点。只有这样，吕家军拳表演的观赏价值才能被淋漓尽致地体现出来，才能让观赏者真正领略到武术套路的美。

吕家军拳的技击美

  吕家军拳的技击美体现在吕家军拳的速度美上，吕家军拳从创立之初就是为了上阵杀敌，最快地给予对方伤害，所以拥有很多"出其所不趋，趋其所不意"的招式与对练思路。在对练中进攻方不断地指向对方来不及防守的地方。这就要求以迅雷不及掩耳、疾电不及瞬目之势迅速取胜。比如，侧踢后马上接转身后摆腿，这种快速突然的发力，能达到最佳的进攻效果。又比如，突然地转身后踹、下蹲后扫腿等这些在人体常规运动中所做出的突然变化，能使人在视觉上形成强烈的反差，从而感受到速度美。

  吕家军拳的技击美还体现在吕家军拳的劲力美上，劲力是指劲法和力度。吕家军拳的劲力美主要体现在动作所产生的击打力量上。在吕家军拳的单练和对练中，运动员的一腿、一拳、一招、一式都具有足够的力量美感，做到张弛有度。整个汇演过程始终是演练者的肌肉通过击打产生劲力美的过程。演练者们在完成各个击打动作过程中所展现出的肌肉强劲有力的收缩和舒张，会使人们在观赏过程中体会到一种阳刚的魅力，从而体会到吕家军拳所独有的劲力美。吕家军拳的技术包括进攻技术和防守技术，具体有基本的实战姿势、拳法、步法和用身体防守的技术。就进攻技术中的下蹲砸拳来说，基本要求是：身体向左转180°，先向左后方迈左脚，再跟随右脚，两脚之间距离略大于肩宽，同时左臂先向下抡，右臂在体后向上抡，右脚落地后，身体下蹲，左手手掌护于脸部右侧，掌心向外，大小臂折叠护于胸前，右臂抡至头部最高点，右拳用力下砸，胳膊垂直于地面，拳心面向自己，砸拳位置位于两脚之间、身体中轴，身体正直，目视前方。整个动作用力顺达，路线清晰，非常合理地利用了人体活动的规律。干净、利落、敏捷、舒展的技术动作不仅使观众在视觉上获得美的享受，而且演练者在做完动作后也会由内心产生一种满足的情绪体验。

第五节 传承价值

"从一个民族人们共同体的生存和发展来说，文化传承实质上是一种文化的再生产，是民族群体的自我完善，是社会中权利和义务的传递，是民族意识的深层次积累，是纵向的'文化基因'复制。"[1] 吕家军拳文化有着悠久的历史、独特的南方文化品性，可溯源至南宋，既彰显出传统武术文化在现代的活力，又呈现出地域文化的特色，如今在积极保护非物质文化遗产的背景下，吕家军拳文化更具有传承价值。非物质文化遗产文化价值的意义在于深入挖掘民族文化的根基，从浅层意义上看，是民族文化的一种展现，而深层意义的价值在于在世界文化语境下取得话语权，为世界古老经典文化提供多元的血脉。非物质文化遗产在本质上是传统文化精神的现代显现，随着现代社会的发展，西方文化的多向涌入，现代人日益增加的精神需求亟待满足，特别是传统文化所独具的稳定感，更能激发现

---

[1] 赵世林. 论民族文化传承的本质［J］. 北京大学学报（哲学社会科学版），2002（3）：10－16.

代人的传承与保护的愿望。非物质文化遗产是人类智慧与经验的千年积淀，是民族文化精神的原始根基，很多学者对非物质文化遗产的意义做出了现代意义的阐释。吴馨萍在其文章中阐明非物质文化遗产本质及特征在于：作为人的行为活动的动态性和传承性；作为艺术、文化表达形式的创造性和独特性；作为民族民间文化的群体性和地域性。① 学者的论述中均涉及非物质文化遗产的传承保护价值。吕家军拳传承的意义在于唤起人们传承和保护的意识。不可否认的是，吕家军拳在人们大力发展生产的时代环境下，逐渐淡出人们生活的舞台，在世的老拳师们年事已高，而记忆中的吕家军拳也只是零散的碎片，无法恢复当时的全部套路，从吕家军拳传承的角度看不无遗憾。传统武术作为濒危非物质文化遗产，技艺传承的人人相传特性加速了消失的速度，同时也暗含了保护传承人的重要性，这在很多学者的论述中达成了共识。胡继云认为武术的保护中心在于传承，"传承人"是核心与灵魂，"技术传承"是组成部分，"教育传承"是重要途径。② 如今活跃的中年吕家军拳师是吕家军拳传承人的中坚力量，他们上承老拳师原汁原味的教与练，下启新生力量的学与传。

  吕家军拳的产生和发展是经济、民俗、文化共同生成的结果，正如恩格斯所说："历史是这样创造的：最终的结果总是从许多单个的意志的相互冲突中产生出来的，而其中每一个意志，又是由于许多特殊的生活条件，才成为它所成为的那样。这样就有无数相互交错的力量，有无数个力的平行四边形，而由此就产生出一个总的结果，即历史事变。"③ 吕家军拳的价值在多个方面值得深入挖掘，"中国武术有着深厚的传统文化积淀。作为中国先人的一种技击之'道'，在长期的发展中它融入了中国古代哲学、兵学、中医学及养生导引理论等，因而成为一种极富文化内涵的中华民族传统体育方式，并依凭它自身的文化魅力绵延至今"。④ 吕家军拳背后

---

① 吴馨萍. 无形文化遗产概念初探 [J]. 中国博物馆，2004（1）：66-70.
② 张宗豪. 江南船拳文化研究 [M]. 上海：复旦大学出版社，2015：184.
③ 人民日报理论部. 思想纵横：精粹版 [M]. 北京：人民日报出版社，2022：253.
④ 周伟良. 中国武术史 [M]. 北京：高等教育出版社，2003：序1.

深藏着民族文化的认同感、民族精神的凝聚力，但也不得不承认，吕家军拳产生的历史环境是单纯的，如今在经济的冲击下，在世界格局的改变下，在人们精神信仰和追求发生微妙的变化下，吕家军拳等体育文化正面临着巨大的冲击，"原本在一个单纯环境中发展、继承，并用来维系和满足传统中国文化理念教化下的民族传统体育"①，在本土上开始了与外来文化的碰撞、融合和对接，不免容易引起人们对吕家军拳未来的焦虑，况且体育类非物质文化遗产"一般与个体喜好和特长密切相关，同群体的依赖和结合相对较弱，他们在外来文化的冲击下最为脆弱，在全球工业化、经济一体化进程中最容易遭到削弱而走向消亡"，这就更促使我们去保存与传承吕家军拳的文化价值。在中国特色社会主义新时代，我们在国家文化大发展战略指引下，开始了对这一古老拳种文化的挖掘与整理，希望它能为文化发展事业写下浓墨重彩的一笔。

---

① 王岗. 民族传统体育与文化自尊 [M]. 北京：北京体育大学出版社，2007：16.

第八章

吕家军拳的传承状况与制约因素

第一节 吕家军拳的传承状况

吕家军拳发展至今,虽说传承不绝,但可谓历经沧桑。吕家军拳作为一种文化形态,只有其内部价值与外部的生存环境处于和谐动态平衡发展中才能生存。

据《吕氏宗谱》记载,吕文德、吕文焕领导的吕家军在南宋早期抗金作战中战功赫赫。当时,吕家军拳盛行,其民族抗争精神是民众认同吕家军拳的主要因素,吕家军拳也因此广泛传播。吕文德死后,吕家军二号人物吕文焕领导的襄樊保卫战是中华军史上的著名战例,在内外无援的情况下坚守襄阳十余年,最后襄阳城内弹尽粮绝、伤而无救、易子而食,吕文焕为保襄阳生灵不受灭种,要求:一不许屠城和抢掠,发粮救百姓于水火之中;二善待守城将士,医治伤兵。最终元军答应此约,吕文焕开城降元。面对吏治腐朽的南宋末代王朝,失败是早晚之事,吕文德为了苍生百姓,主动投降,阻止了元军屠城。然而,正因为吕文焕的投降,给南宋造成了致命的后果。南宋政权籍没了吕文焕的家产。《宋史》因此不给吕文德一族立传,吕文焕投降元朝,使得吕文德、吕文焕等寿州吕氏被世人称为投降派,后裔因愧疚而不得不隐瞒了祖源和籍贯,后改吕氏他宗,也正是这个原因,吕家军拳的传承遭遇重大阻碍。吕家后世因吕文焕投降一事不愿意承认自己是吕氏后人,这在表面上看是对祖源的不认同,实际上这也给吕氏家族创立的吕家军拳蒙上一层阴影,导致后代对一切与吕氏家族有关的事物都失去传承动力。

中华人民共和国成立前,是近代吕家军拳发展最为辉煌的时期,吕家军拳在金坛地区盛极一时。1951年年底,传统武术遭到批判,其发展受到遏制。"文革"时期,从最初破除"四旧"发展成了抄家、砸物,无数优秀文化典籍遭到破坏。据吕家军拳传承人描述,"文革"期间家中拳谱全部遭到查抄焚毁,仅留下练功所用石锁。传承人也不敢习武、不敢开馆授徒,吕家军拳的传承受到严重威胁。直到20世纪80年代,全国推动武术挖掘整理工程,才使得武术获得新一轮的蓬勃发展,但主要表现为竞技武术和散打的发展。由于吕家军拳拳谱的焚毁、传承人的流失,吕家军拳的发展存在动力不足和发展乏力的困境。通过访谈得知,现如今,年轻一代会打吕家军拳者不足百人,可见其传承问题的严峻性。

第二节 吕家军拳传承的制约因素

文化传承变迁的动力机制具有一定的复杂性,只有把握文化变迁的规律,才能在文化变迁的发展过程中进行自觉反思和采取有效的行动。尽管相关研究对民族传统体育文化、非物质文化遗产等方面有一些探索,但是在民俗体育文化中的研究则稍显不足,针对地方特色体育文化的研究更是缺乏。因此,尝试研究分析吕家军拳传承的制约因素,进而为研究探讨吕家军拳的发展路径奠定基础。

有学者在体育文化传承变迁动力分析中指出,"传统时期"的传承动力主要体现在三个方面:第一,强健体魄,尚武图存之需;第二,"武能定国"语境下的社会流动需求;第三,基于祖先崇拜的权利与义务的纵向复制之需。但是,也有学者认为,体育文化变迁的动力主要表现在内驱力、外引力和承动力的综合作用。由此可以看出,体育文化传承的动力并非单一要素作用的结果，而是多因素互动，才呈现出我们现在感受到的发展状态。若动力因素不足，这些因素也就成为影响事物发展的制约因素了。研究认为，吕家军拳传承与发展的制约因素可归纳为：认同感、文化自觉、社会环境、传承方式、传承主体等几个方面。

认 同 感

以现代化为主要特征的城镇化快速发展，全球化的推进，给传统文化的认同带来了严峻的考验和巨大的挑战，甚至产生了空前的文化危机。与我国其他传统文化相似之处在于，认同感是吕家军拳传承与发展的主要影响因素。认同一词内涵丰富，在心理学中，认同是个人对他人情感、态度和行为的一种模仿。文化认同是指人们对某种文化的认识和接受，包括使用相同的文化符号、遵循共同的文化理念、秉承共同的思维模式和行为规范等。吕文焕投降前后是吕氏后代乃至社会大众对吕家军拳认同感的一个分水岭。由于评论角度众多，这里不对吕文焕投降一事做过多评述，然而作为当时抗争卫国重要利器的吕家军拳也受世人折贬，实为可惜。作为身体表达形式的一种，吕家军拳不仅凝结着保家卫国的价值理念，同时还具有体育精神强调的自强不息、顽强拼搏及团结协作等精神共性。显然，"投降"的标签极大地降低了世人对吕家军拳的认同感，其流传后世的动力也因此大打折扣。

文化自觉

城镇化带来的是经济的快速增长，但也使曾经的传承者逐渐退出，大量的技艺面临消失的境地。传承人内在的主动性不足与外在的主动引导和扶持缺失，共同造成传承无力的现状。经济全球化的当今社会，吕家军拳传承发展所需的文化自觉却很罕见。吕家军拳文化传承的自觉主要是指构成民俗体育体系的所有文化要素及文化生境。它不仅包括拳谱、传统竞技、游戏等内容,而且其伴奏的乐曲、服饰、装扮等均是吕家军拳文化的组成部分。当前吕家军拳的保护与传承工作存在一定的整体性缺失,没有整体保护、传承和发展的规划,也没有把吕家军拳的保护、传承、发展、开发作为一个整体来研究。从当前来看,吕家军拳的传承保护必须得到地方政府相关部门的联合支持,以实现吕家军拳传承的真实性、整体性和传播性。从举办的地方文化节、民俗民间运动会来看,吕家军拳主要以舞台上的表演项目为主,在一定程度上隔离了吕家军拳的历史性、延续性,看似促进了遗产的保护和地方文化的自觉,实际上对其造成了遗产变异。

社会环境

"文革"期间,吕家军拳拳谱几乎被全部焚毁,传承人不敢习武、不敢开馆授徒,这是当时社会环境对吕家军拳传承与发展的制约。在现代社会,随着科技的发展,吕家军拳传统的师徒、技术、拳谱的传承方式已经不再适应社会发展的要求。对新生代的年轻人来说,新型的传承方式更容易接受。信息化传播能够更好地展示民俗体育活动。在吕家军拳发展的过程中,无论社会怎样发展,它都是通过人的行动来承载的,其传承的基本要素之一就是生存于特定场域的人的行动。吕家军拳是一代又一代的传承人通过耳濡目染与亲身实践把其中的传统、习俗、经验等以常识化、自在化、模式化的形式潜移默化地内化于个体之中,融入日常生活之中,并自在自发地左右人们的行为。这种被动的沿袭和不假思索的行动是惯性推动下的实践,是传承人对传统无意识的尊崇,起到的只是中介式的传承作用,不具备推动吕家军拳文化变迁和改革的动力作用,是实践的低层次形态。作为民俗文化主体的人,应当做出反思,避免这样低层次形态的出现,吕家军拳文化才能传承和发展。

传承方式

传统传承方式要么以自发的方式进行，如壮力类、养生类和游戏类项目；要么就是节令表演的需要，如娱乐游艺类项目，大多靠传统节日、庆典或部分庙会来展示，平日无人问津（个别用以谋生的除外）。近现代的吕家军拳属于典型的家族式传承。吕家军拳传承人主要集中在江苏省常州市金坛区东浦村，该村居民大部分姓吕，由共同的祖先繁衍而来。此外，早前的东浦村部分传承人的思想比较保守，为了使吕家军拳不外流，不愿意接受其他行政村村民的邀请，前去指导或教授吕家军拳技术，家族式的传承方式决定了吕家军拳传承方式过于单一。这种单一的传承方式，缺乏常态化或长效性的延续，并未将其与人们的社会经济生活、日常健身、娱乐生活很好地融合起来。无论是在平面媒体，还是在电子传媒，对吕家军拳的报道都少之又少，尤其是在电视、网络这种大众传媒上很难见到相关踪影。吕家军拳的传播仅限于小范围内部传播，导致其影响范围不够广，其社会效益或经济效益不能显现。

传承主体

城镇化发展带来社会结构的改变，尤其是在"人的城镇化"过程中，对民族传统体育文化的传承主体造成直接的影响。吕家军拳传承的主体主要是传统农耕时代的劳动人民，尤其是吕氏族系的直接传承人。另外，与之相关的政府部门、社会团体、专家学者智库等也可称为外在的主体。文化作为人在生活中凝练的结果，其传承需要人们的"集体记忆"方能完成，没有足够数量的传承主体，也就不可能完成"集体记忆"。因此，可以说传承主体是吕家军拳传承的前提，主体的流失将直接导致传承的危机发生。

当前，东浦村会打吕家军拳的村民不足百人，即使算上马马虎虎能够完成部分动作的人员，总数也才百余人而已。能够完整打出吕家军拳的几位传承人都年事已高。随着他们的逐渐衰老，吕家军拳的传承出现了断层危机。吕家军拳动作复杂，难度较高，且传承者需要具备吃苦耐劳的精神，当前愿意持之以恒学习吕家军拳的年轻人少之又少，再加上城市化的进程，大量年轻劳动力外出打工，谋求更好的发展机会。东浦村现有传承人的子女，已不愿意像父辈们一样留在农村，传承现状堪忧，生存状态不容乐观。调查发现，由于当前会打吕家军拳的人员年龄普遍偏大，在完成较高难度动作时已显得力不从心，久而久之，吕家军拳那种铿锵有力的美感在传承中会逐渐流失。

　　值得一提的是，近年来随着国家对文化软实力的提倡，当地政府有所行动，对东浦村传统文化项目进行了一定的关注，尤其是当地丝弦锣鼓在各方力量的推动下，通过了江苏省非物质文化遗产的审核。相较于吕家军拳的处境，丝弦锣鼓的传承环境相对良好，其保护与传承方式可为同村吕家军拳的传承发展提供实质借鉴。

第九章

城镇化进程中吕家军拳传承模式研究

第一节 城镇化进程中吕家军拳传承的思考

城镇化将人类社会发展推向了一个快车道，在全球现代化进程中，中国的城镇化按照自己的方式不断推进，预计到2030年，中国城镇化率将达到68%左右，城镇人口将超过9.5亿人；到2040年，中国城镇化率将达到75%左右，城镇人口约为10.3亿人，由此中国将进入高级城市型社会。然而，在快速城镇化过程中，出现一些突出的矛盾和问题。在众多问题之中，历史文化遗产流失的问题十分突出。在城镇化进程中，正如学者所言，"那些兴高采烈地庆幸自己成为'城镇居民'的人们，在告别农村的同时，也将告别那片土地上生长出来的文化"。[①] 诚然，在这个过程中，人们若没有考虑到文化传承，就在无形中出现同自己乡土的断裂，即"城镇化"在给农民带来身份改变的同时，也切断了他们同自己地域文化和传统文化的联系，切断"今天"和"昨天"的"精神脐带"。另外，在中国农村人口逐步走向城镇的同时，农村"空心化"现象严重，大量进城务工人员定居于城镇之中，使得根植于农村、源于农村生活的传统文化面临着"断根"的危险。

---

① 王晖. 新型城镇化与文化发展［M］. 广州：广东经济出版社，2014：115.

城镇化带来的文化传承问题已是老生常谈。早在 21 世纪初，面对经济全球化、世界一体化的大趋势，国内外学者基于对文化多样性的保护与发展，提出了大量观点。不仅文化学者、人类学者积极投身研究，在哲学领域，也有不少哲学家或哲学流派对其关注，提出文化哲学概念，认为生活世界本质上都是一个文化的世界，并将文化定义为"历史凝结成的生存方式"，认为"文化模式或文化精神，是以生活世界为基本寓所和根基的"；"生活世界的本质规定性和内在机制，也正是文化所包蕴的价值、意义、传统、习惯、给定的规则等"。[①] 正如前文所述，该理论根据主导性文化模式和价值体系的地位将生活世界区分为日常生活世界和非日常生活世界。其中日常生活是"一个以重复性思维和重复性实践为基本存在方式，凭借传统、习惯、经验以及血缘和天然情感等文化因素而加以维系的自在的类本质对象化领域"。[②] 传统农耕文明产生、发展起来的民族传统体育，作为一种文化现象，寓所正是这个"自在的日常生活"，其传统本质性特征，如自然性、经验性及人情化等农业社会的文化特征为民族传统体育所全部具备。

虽然日常生活是个体生存和人类存在必不可少的基础和前提，但也对人类社会及个体的发展存在一定的不利因素，尤其是当前城镇化快速发展、现代化不可逆转的大趋势下，传统的日常生活结构的阻滞力逐渐彰显。因此，要完成城镇化，实现其核心"人自身的城镇化"，超越传统日常生活结构和图式对人的创造活动的束缚成为必由之路，形成"由自在自发的日常生存状态向自由自觉的非日常生存状态跃升，即是经历日常生活世界的批判重建过程"，民族传统体育传承的重建过程自然也要遵循这个批判重建。

吕家军拳作为历史发展的产物，绝大部分内容跟民族抗争和群体特征密切相关，显示出鲜明的格斗性、草根性和地域性。随着城镇化的推进，传统生活空间的解构，其传承面临着诸多严峻问题。正如有学者所言，

[①] 杜红艳. 多元文化阐释与文化现代性批判 [M]. 哈尔滨：黑龙江大学出版社，2017：143.

[②] 衣俊卿. 现代化与日常生活批判 [M]. 北京：人民出版社，2005：31.

"传统的失落是现代化的必然"已经是不争的事实，面对这种"传统的失落"应该怎样作为，怎样在城镇化进程中避免丢失了吕家军拳的人们找不到"回家的路"，又如何使走入城市的居民"有拳可打、有史可谈"，留住民族的"集体记忆"，思考之余，这里从城镇化进程的背景出发，探讨出对吕家军拳传承发展有借鉴意义的思想和方案。

第二节 日常生活视角下吕家军拳传承方式研究

基于对日常生活的界定，本部分围绕日常生活视角，提出以下两个传承方式。

培养文化认同，提升文化自觉与自信

"文化的自我认同意识是传承与弘扬民族文化的内在根基，舍此便谈不上文化的传承。"[①] 以现代化为主要特征的城镇化快速发展、全球化的推进，对传统文化的认同带来了严峻的考验和巨大的挑战，甚至产生空前的文化危机。文化认同也即自我认同，包含了对自文化和他文化认同两个方面，文化认同需要文化自觉，有了文化"自知之明"的文化自觉后，方能有自我认同，进而产生文化自信，催生文化自强、文化创新，最终体现出文化自豪和文化定力。

人口城镇化改变了城乡人口的比例，或者说产生了更多的城镇人口，但不管是农村居民，还是城镇居民，在文化的认同培养问题上实质是一样的。广大民众对吕家军拳有了自我认同意识，就会在整个地区形成集体意识，从而营造良好的文化氛围。传承参与者有了自我认同，自然能自觉地

---

① 李申申. 中华优秀文化传承与弘扬中的文化自我认同问题探究[J]. 河南大学学报（社会科学版），2013，53（1）：138 – 144，151.

继续传承，同时也会吸引更多的人们参与其中，这无疑加强了传承主体的扩充。文化、体育、教育等相关部门，以及广大现代传媒，更需要对包括吕家军拳在内的民族传统体育在经济建设、社会发展、文化传承等中的作用有清晰的认同，只有这样，他们方能从宏观层面更好地营造传承氛围，为民族传统体育的发展提供推动力和引导力，这样才有利于吕家军拳的传承和发展。

让吕家军拳相关活动成为生活方式

城镇化高速发展，模糊了城乡界限，带来了城乡二元消解，作为现代化的必由之路，其积极的一面不胜枚举，但是这种消解也极易造成文化断裂，进而失去了文化传承的前提条件。因此，避免这种断裂，同样也要消解文化的传统与现代（新旧）二元，在城镇化过程中不断完成重构。吕家军拳是吕氏族系在特定历史条件下创造而来的，在如今，对于老一辈的吕氏族人来说，发扬吕家军拳，将吕家军拳带到人们的生活中是他们最大的心愿，对于吕家军拳的传承无疑是最好的选择，因此，让吕家军拳成为一种生活方式，将会成为其传承困境的突破口或路径。

第三节　吕家军拳与民俗文化互动发展

所谓民俗，是指一个国家或民族中广大民众所创造、享用和传承的生活文化。所谓文化，有广义和狭义之分。广义的文化，是指人类在历史发展进程中所创造的物质财富与精神财富的总和。狭义的文化，指社会的意识形态，即精神财富。如文学、艺术、教育、科学等，同时也包括社会制度和组织机构等。这里的物质财富与精神财富，我们可以视为物质文化与精神文化；而作为生活文化的民俗文化，它以民俗事象为载体，又折射出特定国家或民族物质文化与精神文化的历史积淀与发展脉络，使之呈现下述特征。

群体性

民俗一词本身就有"群体"的内涵：民，人民、民间的；俗，大众的。民俗文化的首要特征就是它的群体性。这是因为民俗文化在其形成过程中，首先必须得到群体的认同，唯有得到群体的认同，才能约定俗成，进而完善并传承下来。

传承性

民俗文化的价值所在，即它所彰显的功能决定了它的传承性。传承，使民俗成为财富，成为文化，得以世世代代延续下来，并且在延续的过程中，不断被后来者融入富有时代特色的文化元素，使之愈发被人们所接受。

地域性

人类在走向文明的进程中创造了文化，这种创造既代表了生产力的发展水平，又适应了人类所处的外部环境，包括气候温差、干湿状况、地形地貌、物产植被等，即与人类所处的自然生态环境密切相关。

形象性

吕家军拳与民俗文化的有效结合可以催生出民俗体育文化，这也是一种大众参与的文化。从吕家军拳传播的时间与空间来看，其传播的空间范围较为局限，主要集中在江苏省常州市金坛区一带；从时间范围来看，表现出从传统社会向现代社会的传承。无论是从身体活动视角，还是从历史故事视角，吕家军拳都具有丰富的传承价值。在乡村振兴建设过程中，若要将吕家军拳更好地融入现代社会，就需要明确吕家军拳新的属性或价值，挖掘吕家军拳在新时代下的健身、娱乐、文化等价值。当前，吕家军拳与大众见面较为"隆重"的方式是少有的才艺展示，往往通过动作套路的热闹程度和难度征服观众。这种配角式的节目表演可在当时给观众耳目一新的感觉，但每当帷幕落下后，吕家军拳就像被再次"封箱"，等待下次展览的到来。从这一现象不难看出，其技艺性、娱乐性并未得到挖掘。吕家军拳历经古今，底蕴深厚，完全可以在节令庆祝或者庙会的时候登上舞台，成为民众表达喜庆的方式之一。吕家军拳不仅仅是一种技艺，也是教化，是对传统的敬畏与尊重，是人们在模仿与困难做斗争及顽强拼搏下的智慧，是对生命的感悟。吕家军拳艰难地存活至现在，在记忆中连接着过去，同时也坚定地期盼未来。

吕家军拳属于民间体育种类，应具有表演性、节庆性、娱乐性的特点，也应承载着教育性、休闲性。随着时代的进步，吕家军拳防御外敌的价值逐渐衰弱，但其民俗发展的价值值得深入挖掘。当前，应当大力挖掘吕家军拳的节令性，使其在春节、元宵灯会、其他重大节日、武术比赛及庙会祭祀等活动中大放光彩，以保证吕家军拳的长久发展与节庆活动共生繁荣。东浦村曾在2016年成功举办民间文化交流盛宴，活动充分展示了新时期新农民积极向上的精神面貌，碧波荡漾、故典伴长的江南古村之真、之精、之美、之力顺风而呼，繁花耀眼。在此期间，"金坛区指前镇东浦文化建设促进会"隆重成立，省级非遗——东浦丝弦锣鼓揭牌，"基层文化活动基地"与"青少年文化活动基地"挂牌，这是一件能够载入东浦村村史的文化大手笔。这场文化盛宴也让吕家军拳获得了一次难得的展示机会，为吕家军拳的发展提供了深厚的物质和人文基础，从而达到各美其美、美美与共的共生愿景。将吕家军拳融入生产生活，结合东浦村"美丽乡村"文化建设，让东浦村成为处处有历史、步步有文化的村庄。推动当地休闲生活与吕家军拳融合发展，培育符合现代人需求的传统休闲文化，抢救濒危的吕家军拳，将其纳入全民健身工程。

第四节　吕家军拳与赛事表演互动推广

民族传统体育是指生活在一定地域的一个或多个民族所独有的，在人民大众中广泛传承的，具有修身养性、健身技击、休闲养生、竞技表演、观赏游艺、趣味惊险、民俗音乐歌舞交融特色的体育活动形式。民族传统体育赛事是集民族特色、休闲、娱乐、竞技、观赏于一体的多元文化活动，具有巨大的市场潜能。作为体育赛事中的一种，其发展不仅丰富了赛事种类，而且弘扬了我国民族文化。民族传统体育赛事是不同的民族经历、生活环境和文化传承形成的颇具特色、形态多样的活动形式，大多数项目都是其所在地自发举办，有些已有上百年历史，是该地区的文化象征与认知符号。民族传统体育项目作为该地区及我国民族文化传承与发展的重要媒介，在推动地区"体育＋文化"和"体育＋旅游"融合发展方面具有重要作用。

2014年12月，国家体育总局发布《体育总局关于推进体育赛事审批制度改革的若干意见》（体政字〔2014〕124号），提出进一步丰富我国体育赛事举办的层次与种类，充分调动社会资源和力量举办体育赛事。吕家军拳以其特有的竞技与表演的魅力，与传统民俗中的各种力量融合，形成了具有本土特色的民间文化形态。吕家军拳作为娱乐生活的组成部分和强身健体的武术形式，逐渐淡化了传统格斗色彩，可以体现出更多的表演形式，是观赏者和表演者情感宣泄的方式。吕家军拳与其他民俗文化相互依附、相互交融，共同完成了金坛地区的文化建构，传承了地方文化的精神。作为表演武术，吕家军拳不仅吸引群众的兴趣，还属于武术精英文化的范畴，与其他的民俗共同构成了时代文化的兴盛。而吕家军拳兴盛的时代，由于南宋早期抗金的军事任务，吕家军拳的格斗技能深入普通的群众生活中。到了近现代，吕家军拳的民俗生命力被淡化，更多地成为竞技武术表演范畴。吕家军拳裹挟在民俗文化中，与其他民俗共同构成了传统社会生活的画卷，后人对吕家军拳的继承，不应该仅仅是技术的传承，更重要的是民族文化的传承。文化是民族的精神内核，保护吕家军拳文化具有参与构建地方乃至更大范围文化多元化的意义。

目前，吕家军拳加入民族传统体育赛事存在推广困难的现状，主要原因在于以下三点。

（1）长久以来，由当地民俗项目形成的赛事项目仅局限于金坛区东浦村，与外部交流较少，所以在运动项目推广上，存在空间困难。

（2）民族传统体育赛事主要通过全国少数民族传统体育运动会进行推广，而国家对地方民族传统体育活动的文化挖掘与利用明显不足，对民族传统体育赛事的发展缺少整体规划，所以吕家军拳在其他武术拳种盛行与西方体育不断渗透的过程中，渐渐成为文化传统，被"封存"；同时，地方体育主管部门未制定地方传统赛事运营标准，在民间传统运动项目上存在运营和宣传的不足。

（3）吕家军拳现存于金坛区东浦村，尽管该村走在乡村振兴的前列，受到不少资金的帮扶，但资金支持的重点并不在文化建设层面。体育主管部门、文化和旅游部门对赛事的运营缺乏政策支持，社会资金引入难，所以吕家军拳在运动项目推广上存在资金困难。

为适应新时期人们不断增长的赛事消费的多元需求，增加赛事产品多元供应，打造我国民族民间体育赛事文化品牌，传承民族民间体育文化和实现民族民间文化的文化自觉，有必要对民族民间体育赛事进行深入的、科学的探究。首先，应强化田野调查，直面吕家军拳体育赛事的文化存在。对于文化挖掘，走马观花是不行的，光看表面动作是看不透的，必须把自己变成局内人，置身于吕家军拳之中去亲身体验和领悟，探究和揭示吕家军拳赛事存在和发展的深层社会动因和文化基础。这就要求我们以时代的责任感，以扎实可行的田野工作做保障，引导吕家军拳沿着生机勃勃的方向发展。其次，立体挖掘吕家军拳的文化内涵。吕家军拳作为一种文化现象，置身于深厚的历史文化传统。这种传统往往是夹杂在复杂的仪式中体现出来的。仪式又通过一定的秩序和符号表现出来,这种表现不少是反映族群的图腾和禁忌内容的,而图腾和禁忌又直接涉及民族信仰的核心层面,那就是思维方式和价值取向。最后,提高吕家军拳的普及度。一项赛事的长久发展离不开群众的参与。使用互联网技术,运用多渠道多媒体形式,加强吕家军拳的宣传工作,使更多人了解吕家军拳,培养其参与及推广的兴趣。

第五节 吕家军拳与学校体育融合发展

民族传统体育项目进校园,是我国本土文化融入现代教育体系,适应教育发展需要,服务人才发展的过程。作为民族传统体育的组成部分,吕家军拳面临长期发展的困境。若以学校为阵地,通过有效路径向大中小学生推广和普及吕家军拳,具有文化、教育及传承的多重意义。文化意义表现在通过学生参与民族传统体育项目,增强学生个体对民族优秀文化的自豪感、自信心,唤醒民族文化自觉,进而形成传承、传播民族传统体育文化的社会风气,有利于我国新时期民族文化战略的推进,服务中国特色文化体系建设。教育意义在于民族传统体育项目能够丰富校园体育、服务课堂教学、发展学生身心。传承意义主要表现在吕家军拳的普及度将会提升,吕家军拳参与人群的逐渐扩大,对民族传统体育项目的传承和保护具有至关重要的作用。

早在2010年,教育部、国家体育总局就创编了《全国中小学生系列武术健身操》,武术是中华民族文化的瑰宝,是中小学校体育教学的重要内容,武术教育对培育和弘扬民族精神、促进青少年学生身心健康具有积极作用。从历史发展来看,武术最早出现在夏商周时期,随着各个朝代的兴起与灭亡,武术在不断地丰富自己,其本身承载着中华上下几千年的文化,然而中华武术能延续到现在,学校教育起着不可磨灭的作用。基于学校对那些广泛普及的拳种的传承作用来看,我们有必要将国家统一教材与地方特色教材相结合，把吕家军拳引进校园武术。

在探索吕家军拳进校园的可行性及实现路径时，首先应系统地分析吕家军拳的现实基础，包括但不局限于吕家军拳动作的难易程度、文化底蕴、教育意义、发展前景及发展的制约因素等。结合前面几个章节的内容，我们可知当前吕家军拳处于待开发状态，文化底蕴与教育意义的价值内容呈现散点式特征，换句话说，还不具完整体系，这也是吕家军拳进校园面临的重要问题。

根据吕家军拳发展的综合现状，可从以下几个方面进校园。

吕家军拳进课堂

吕家军拳进课堂，是一种基于项目选择、场地建设、器材规范、内容设计、教学评价等环节的对吕家军拳进行教育改造的过程，它将吕家军拳从原有的生产生活环境中抽离出来，建构性地设计为满足教学需要的内容。在《基础教育课程改革纲要（试行）》（2001）、《义务教育体育与健康课程标准》（2022年版）等政策的刺激下，民族传统体育校本课程开发与教学内容设置获得较好发展，使得不少民族传统体育项目进入学校课堂。从当前民族传统体育项目进课堂的发展情况来看，各学校优先选择了当地特色传统体育项目，并对项目本身进行了改造，以满足教学安全、内容分段、技术标准化的要求，为学生的动作学习与教学质量提供保障。

吕家军拳进校园体育竞赛

可由地方教育行政部门主导，在校内、校际体育竞赛中开展吕家军拳项目，或举行吕家军拳单项比赛，也为吕家军拳走进金坛市中小学课余体育竞赛提供支持。吕家军拳进校园体育竞赛，也为学生搭建了一个有效的民族传统体育交流平台。

吕家军拳进课间体育活动

吕家军拳进课间活动，主要包括两种形式，其一是非正式组织的、主要由学生自主参与的吕家军拳活动；其二是有组织的课间活动，如将以往的课间操内容进行丰富或改变。改变传统单一的广播体操，这不仅会赢得学生们的喜爱，从而提高锻炼的积极性，而且会取得良好的锻炼效果。2006年，教育部、国家体育总局、共青团中央联合发布了《关于开展全国亿万学生阳光体育运动的通知》（教体艺〔2006〕6号）。在政策推动下，各地不断出现开展阳光体育运动的热潮。借此契机，民族传统体育项目快速进入学生课间活动，为学生每天"快乐运动一小时"创造了有利环境。

吕家军拳进学校社团活动

校内学生社团是学生自愿参加的，旨在满足学生课外兴趣、激发学生潜能、丰富学生课余文化生活的学生组织。可成立专门的体育社团，开展相应的民族传统体育项目。比如，江苏省常州市一些小学开设了武术社团。作为一个非正式组织，学生社团以具体活动为载体，为社团成员提供了一条接触吕家军拳的新通道，从而推动吕家军拳在校园的发展。

第十章 武术欣赏

第一节 武术欣赏概述

武术欣赏是一种通过观赏武术表演、学习武术技艺及了解武术文化来增进对武术的理解和欣赏的活动。武术作为中国传统文化的重要组成部分，具有悠久的历史和丰富的内涵，其欣赏不仅仅是对技艺的赏析，更是对中国传统文化的传承和发扬。

武术欣赏的本质特征和含义

武术欣赏的本质特征体现在对武术的审美体验和文化内涵的感悟上。第一，武术作为一种艺术形式，具有独特的审美价值。在武术表演中，运用身体动作、音乐、服饰等元素，展现出优美的姿态和动作，给人以美的享受。第二，武术作为一种传统文化形式，蕴含着丰富的哲学思想和民族精神。通过欣赏武术，人们可以感受到中国传统文化的博大精深，体会到武术所蕴含的中华民族的智慧和力量。

武术欣赏的意义

悦目功能

武术表演中的动作、音乐、服饰等元素，往往能够给人以视觉上的愉悦。例如，太极拳的缓慢柔和的动作、少林功夫的刚健有力的动作，都能够给人带来视觉上的享受。这种悦目的功能，使得武术表演成为一种受人喜爱的艺术形式。

赏心功能

武术欣赏不仅仅是对外在形式的赏析，更重要的是对内在精神的感悟。武术强调的是内外兼修、心意合一的理念，通过欣赏武术，人们可以感受到武术所蕴含的中华民族的传统美德，如忍让、坚韧、勇敢等。这种赏心的功能，有助于提升人们的审美情操和道德修养。

明德功能

武术欣赏还具有明德的功能，即通过欣赏武术，可以传承和弘扬中华民族的传统美德。武术作为中国传统文化的重要组成部分，蕴含着丰富的民族精神和道德观念。通过欣赏武术，可以让人们更加深刻地理解和感受到这些美德，从而在日常生活中更好地践行这些美德。

总之，武术欣赏不仅仅是一种艺术形式的欣赏，更是一种对中国传统文化的传承和发扬。通过欣赏武术，人们可以感受到武术所蕴含的审美价值和文化内涵，增进对中国传统文化的理解和认同，同时也有助于提升审美情操和道德修养。因此，武术欣赏在当今社会仍具有重要的意义和价值。

第二节　武术欣赏的内容与武术欣赏能力培养途径

武术欣赏的内容

武术作为中国传统文化的重要组成部分，不仅是一种实用的自卫技能，更是一门艺术，其独特的魅力吸引着越来越多的人去欣赏和学习。武术欣赏不仅仅是对技术动作的赏析，更是对中国传统文化的体验和理解。下面将从武术技术动作的命名之美，武术的礼仪之美，武术运动的动力定型之美，武术技术动作中力的表现美，武术套路动作的编排表现美，武术技术动作的节奏美，武术套路动作展现的形神兼备之美，武术动作展现的和谐、统一的意境之美，武术动作的阳刚之美、阴柔之美等方面，深入探讨武术欣赏的内涵和魅力。

武术技术动作的命名之美

武术技术动作的命名往往蕴含着丰富的文化内涵和意境，如"白鹤亮翅""金鸡独立"等，这些名称不仅能够准确地描述动作的形态，更能够唤起人们对自然界的联想和对动作内涵的理解。例如，"白鹤亮翅"这一动作，通过模仿白鹤展翅的形态，展现出柔美、优雅的一面，同时也蕴含着攻守转换的技术内涵。这种命名之美，使得武术动作不仅仅是一种技术动作，更是一种文化符号，具有深厚的历史和文化底蕴。

武术的礼仪之美

武术作为一种传统文化遗产，注重礼仪的传承和体现。在武术的练习和表演中，注重礼仪的动作和仪态，如起势、收势、礼节动作等，这些动作不仅仅是为了规范动作的标准，更是体现了习武之人的修养和礼仪之美。通过这些动作，人们可以感受到武术文化中蕴含的中华传统礼仪之美，体会到其中蕴含的中庸之道和和谐之美。

武术运动的动力定型之美

武术运动中的动作往往融合了力量、速度、灵活性等多种因素，通过精准的动作定型和力量的表现，展现出动作和力量的美感。例如，一招一式的刚柔相济、刚中带柔、柔中见刚，力的运用和表现，使得武术动作不仅仅是一种技术动作，更是一种动力定型之美的展示。

武术技术动作中力的表现美

武术技术动作中力的表现美体现在动作的刚柔相济、力的运用和表现上。这种力的表现美，不仅仅是对技术动作的赏析，更是对力的美感和力的表现的赞美。

武术套路动作的编排表现美

武术套路动作的编排往往融合了动作的连贯性、变化性和整体美感，通过套路动作的编排，展现出武术动作的美感和技术内涵。例如，在武术套路中，通过对动作的连贯性和变化性的编排，展现出武术的整体美感和技术内涵。这种编排表现美，使得武术套路动作不仅仅是一种技术动作的组合，更是一种艺术的表现和技术的展示。

武术技术动作的节奏美

武术技术动作的节奏美体现在动作的韵律和节奏上。例如，在武术动作的练习中，注重动作的缓慢、连贯和韵律感，通过对节奏的把握和表现，展现出武术动作的节奏美和韵律美。这种节奏美，使得武术动作不仅仅是一种技术动作，更是一种韵律美和节奏美的展示。

武术套路动作展现的形神兼备之美

武术套路动作往往融合了形态美和内在美，通过对形态的塑造和内在美的展现，展现出武术套路动作的形神兼备之美。例如，在武术的套路动作中，通过对动作的形态美和内在美的展现，展现出武术动作的形神兼备之美。这种形神兼备之美，使得武术套路动作不仅仅是一种技术动作的组合，更是一种形态美和内在美的展示。

武术动作展现的和谐、统一的意境之美

武术动作往往通过对动作的和谐统一和意境美的展现，展现出武术动作的和谐、统一的意境之美。例如，在武术动作中，注重动作的和谐统一和意境美的展现，通过对意境的把握和表现，展现出武术运动的和谐、统一的意境之美。这种意境之美，使得武术动作不仅仅是一种技术动作，更是一种和谐、统一的意境之美的展示。

武术动作的阳刚之美、阴柔之美

武术动作中既有阳刚之美，又有阴柔之美。例如，在武术运动中，既有阳刚的发劲，又有阴柔的化劲，通过对阳刚之美和阴柔之美的展现，展现出武术动作的阳刚之美和阴柔之美。这种阳刚之美和阴柔之美，使得武术动作不仅仅是一种技术动作，更是一种阳刚之美和阴柔之美的展示。

武术欣赏能力的培养途径

随着人们对健康生活方式的追求和对传统文化的重视，武术作为中国传统文化的重要组成部分，受到了越来越多人的关注和喜爱。武术不仅是一种优秀的体育运动，更是一门艺术，因此，培养武术欣赏能力对于提高人们的审美情趣、促进身心健康具有重要意义。本章节将从实施武术欣赏教育、积极参与武术欣赏活动以及主动参与武术运动实践三个方面，探讨武术欣赏能力的培养途径。

实施武术欣赏教育

（1）家庭武术欣赏教育。

家庭是孩子们最早接触外界的地方，也是培养孩子们兴趣爱好和审美能力的重要场所。家长可以通过带孩子观看武术比赛、电影、纪录片等形式，让孩子们了解武术的魅力，培养其对武术的兴趣和热爱。同时，家长还可以鼓励孩子参加武术兴趣班或者课外活动，让他们在实践中感受武术的魅力，从而培养其对武术的欣赏能力。

(2) 学校武术欣赏教育。

学校作为孩子们学习和成长的重要场所，承担着培养学生综合素质的重要责任。学校可以通过开设武术课程、举办武术表演和比赛等形式，让学生们接触和了解武术，培养其对武术的兴趣和欣赏能力。同时，学校还可以邀请武术名师来校讲座和指导，让学生们深入了解武术的内涵和精髓，从而提高其武术欣赏能力。

积极参与武术欣赏活动

(1) 明确习武的宗旨。

武术作为一种传统文化，其宗旨不仅在于强身健体，更在于修身养性。参与武术欣赏活动的人们应该明确这一宗旨，从中领悟武术的精神内涵，培养自己的道德情操和审美情趣。

(2) 树立正确的胜负观。

在观看武术比赛和表演时，应该树立正确的胜负观，不以胜负论英雄，而应着重欣赏运动员们的技艺和精神风貌。只有树立正确的胜负观，才能真正领略武术的魅力，提高自己的武术欣赏能力。

(3) 学习了解相关武术理论知识。

武术欣赏不仅仅是对武术动作的欣赏，更需要了解其背后的文化内涵和理论知识。人们可以通过阅读相关的武术书籍、参加武术讲座等形式，加深对武术的理解和认识，从而提高自己的武术欣赏能力。

主动参与武术运动实践

除了观赏武术表演和比赛外，参与武术运动实践也是培养武术欣赏能力的重要途径。通过自己的实践，可以更加深入地了解武术的魅力，提高自己的武术欣赏能力。

总之，培养武术欣赏能力需要从家庭、学校和社会多个方面共同努力。只有通过系统的教育和实践，加上自身的努力，才能真正提高武术欣赏能力，领略到武术的魅力，从中获得身心健康和精神愉悦。

附　录

《吕家军拳》挖掘与保护工作掠影

《吕家军拳》手写拳谱

附 录

常州市金坛区指前镇东浦村村民委员会

马蹄拳成形后，随之向前一抹，抹到双手齐挞时握成拳收到肋部，身利挺胸向移，右脚蹬足，提起左脚，乎踢向前方，顺踢脚之势左脚跨前一步立定，双拳以肋部冲去。(双拳)

双拳冲去后，即变掌上翻用(双削式大回旋)，右脚向跨成切步，右手顺双削式大回旋上升之肩部高低，向右革时。

12. 收式：左脚向跨，右脚抬起，身利转动270°，左脚落地，成左马步，伸展双臂成老鹰展翅，左脚再收到右脚处，脚尖点地，身体下蹲，双手交叉指向前方收式(喜鹊登梅)。

站起，立定。

《吕家军拳》非遗项目立项

《吕家军拳》非遗传承人

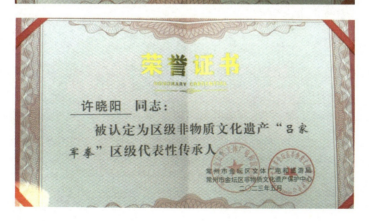

常州市传统武术展示活动中的吕家军拳

常州市传统武术展示活动中有关吕家军拳的获奖证书